Dolce Tentazione

Esplora il Mondo dei Dolci con le Ricette Deliziose di Maria Rossi

Maria Rossi

SOMMARIO

Torta gocciolante della fattoria 12

Pan di zenzero americano con salsa al limone 13

Pan di zenzero al caffè 15

Torta alla crema di zenzero 16

Torta allo zenzero di Liverpool 17

Pan di zenzero di farina d'avena 18

Pan di zenzero appiccicoso 20

Pan di zenzero integrale 21

Torta Miele e Mandorle 22

Torta glassata al limone 23

Anello da tè freddo 24

Torta Lardo 26

Torta al lardo di semi di cumino 27

Torta di marmo 28

Torta a strati Lincolnshire 29

Torta Di Pane 30

Torta alla marmellata 31

Torta di semi di papavero 32

Torta allo yogurt semplice 33

Torta di prugne e crema pasticcera 34

Torta Ripple ai lamponi con glassa al cioccolato 36

Torta Di Sabbia 37

Torta Di Semi 38

Ciambella speziata 39

Torta a strati piccante	40
Torta di zucchero e cannella	41
Torta vittoriana al tè	42
Torta alla frutta tutto in uno	43
Torta alla frutta in padella tutto in uno	44
Torta di frutta australiana	45
Torta Ricca Americana	46
Torta di frutta alla carruba	48
Torta di frutta al caffè	49
Torta pesante della Cornovaglia	51
Torta Di Ribes	52
Torta di frutta scura	53
Torta taglia e vieni di nuovo	55
Torta Dundee	56
Torta di frutta notturna senza uova	57
Torta alla frutta infallibile	58
Torta di frutta allo zenzero	60
Torta di frutta al miele della fattoria	61
Torta Genova	62
Torta alla frutta glassata	64
Torta alla frutta Guinness	65
Torta Di Carne Macinata	66
Torta di avena e albicocca	67
Torta di frutta durante la notte	68
Torta di uvetta e spezie	69
Torta Richmond	70
Torta allo zafferano	71

Torta di frutta soda 72

Torta veloce alla frutta 73

Torta di frutta al tè caldo 74

Torta di frutta al tè freddo 75

Torta alla frutta senza zucchero 76

Piccole Torte Di Frutta 77

Torta di frutta all'aceto 79

Torta al whisky della Virginia 80

Torta di frutta gallese 81

Torta di frutta bianca 82

Torta di mele 83

Torta di mele speziata e croccante 84

Torta di mele americana 85

Torta di purea di mele 86

Torta di mele al sidro 87

Torta di mele e cannella 88

Torta di mele spagnola 89

Torta di mele e uva sultanina 91

Torta rovesciata di mele 92

Torta di albicocche 93

Torta di albicocche e zenzero 94

Torta di albicocche brillo 95

torta alla banana 96

Torta croccante alla banana 97

Spugna di banana 98

Torta alla banana ad alto contenuto di fibre 99

Torta banana e limone 100

Torta al cioccolato alla banana frullatore 101

Torta banana e arachidi 102

Torta all-in-one banana e uvetta 103

Torta banana e whisky 104

Torta Di Mirtilli 105

Torta Di Ciottoli Di Ciliegia 106

Torta di ciliegie e cocco 107

Torta di ciliegie e uva sultanina 108

Torta glassata di ciliegie e noci 109

Torta Damson 110

Torta di datteri e noci 111

Torta al limone 112

Torta all'arancia e mandorle 113

Torta di pane d'avena 114

Torta al mandarino glassata tagliente 115

torta alle arance 116

Torta alle Pesche 117

Torta arancia e marsala 118

Torta di pesche e pere 119

Torta umida all'ananas 120

Torta ananas e ciliegie 121

Torta natalizia all'ananas 122

Ananas capovolto 123

Torta ananas e noci 124

Torta Di Lamponi 125

Torta al rabarbaro 126

Torta al miele di rabarbaro 127

Torta Di Barbabietole 128
Torta di carote e banane 129
Torta di mele e carote 130
Torta di carote e cannella 131
Torta di carote e zucchine 132
Torta di carote e zenzero 133
Torta di carote e noci 134
Torta di carote, arance e noci 135
Torta di carote, ananas e cocco 136
Torta di carote e pistacchi 137
Torta di carote e noci 138
Torta Di Carote Speziata 139
Torta di carote e zucchero di canna 141
Torta di zucchine e zucca 142
Torta di zucchine e arancia 143
Torta di zucchine speziata 144
torta alla zucca 146
Torta Di Zucca Alla Frutta 147
Rotolo di zucca speziato 148
Torta al rabarbaro e miele 150
Torta Di Patate Dolci 151
Torta di mandorle italiana 153
Torta Mandorle e Caffè 154
Torta di mandorle e miele 155
Torta di mandorle e limone 156
Torta di Mandorle all'Arancia 157
Ricca Torta Di Mandorle 158

Torta Amaretto Svedese	159
Pane Al Cocco	160
Torta al cocco	161
Torta dorata al cocco	162
Torta a strati al cocco	163
Torta al cocco e limone	164
Torta di Capodanno al cocco	165
Torta Cocco E Uva Sultanina	166
Torta di noci croccante	167
Torta Di Noci Miste	168
Torta di noci greca	169
Torta di noci ghiacciata	170
Torta di noci con crema al cioccolato	171
Torta di noci con miele e cannella	172
Barrette di mandorle e miele	173
Barrette sbriciolate di mele e ribes nero	175
Barrette di albicocca e farina d'avena	176
Croccantini Di Albicocche	177
Barrette di banane alla nocciola	178
Brownies americani	179
Cioccolato fondente brownies	180
Brownies alle noci e cioccolato	181
Barrette Di Burro	182
Vassoio al caramello alla ciliegia	183
Vassoio con Gocce di Cioccolato	184
Strato di crumble alla cannella	185
Barrette alla cannella appiccicose	186

Barrette al cocco 187

Barrette sandwich al cocco e marmellata 188

Data e Apple Traybake 189

Fette Di Data 190

I bar della data della nonna 191

Barrette di datteri e farina d'avena 192

Data e barre di noce 193

Barrette di fichi 194

Flapjack 195

Frittelle di ciliegie 196

Frittelle al cioccolato 197

Frittelle di frutta 198

Frittelle di frutta e noci 199

Frittelle allo zenzero 200

Flapjack alla nocciola 201

Frollini taglienti al limone 202

Moka e quadrati di cocco 203

Ciao Dolly Biscotti 205

Barrette al cocco con noci e cioccolato 206

Quadrati Nocciola 207

Fette Di Noci Pecan Arancioni 208

Parkin 209

barrette al burro di arachidi 210

Fette Di Picnic 211

Barrette di ananas e cocco 212

Torta al lievito di prugne 213

Barrette di zucca americane 215

Barrette di mele cotogne e mandorle 216

Barrette all'uvetta 218

Quadrati Di Avena Al Lampone 219

Torta gocciolante della fattoria

Fa una torta da 18 cm/7 pollici

225 g/8 oz/1 1/3 tazze di frutta secca mista (miscela per torta di frutta)

75 g/3 oz/1/3 di tazza di manzo gocciolante (accorciamento)

150 g/5 once/2/3 tazza di zucchero di canna morbido

250 ml/8 fl oz/1 tazza di acqua

225 g/8 oz/2 tazze di farina integrale (integrale).

5 ml/1 cucchiaino di lievito in polvere

2,5 ml/½ cucchiaino di bicarbonato di sodio (bicarbonato di sodio)

5 ml/1 cucchiaino di cannella in polvere

Un pizzico di noce moscata grattugiata

Un pizzico di chiodi di garofano macinati

Portare a ebollizione la frutta, lo sgocciolamento, lo zucchero e l'acqua in una pentola dal fondo pesante e cuocere a fuoco lento per 10 minuti. Lasciar raffreddare. Mescolare gli altri ingredienti in una ciotola, quindi versare il composto sciolto e mescolare delicatamente. Versare in una tortiera (teglia) da 18 cm/7 unta e foderata e cuocere in forno preriscaldato a 180°C/350°F/gas mark 4 per 1 ora e mezza fino a quando non sarà ben lievitata e si restringerà dai lati della teglia.

Pan di zenzero americano con salsa al limone

Fa una torta da 20 cm/8

225 g/8 oz/1 tazza di zucchero semolato (superfino).

50 g/2 once/¼ di tazza di burro o margarina, sciolti

30 ml/2 cucchiai di melassa nera (melassa)

2 albumi d'uovo, leggermente sbattuti

225 g/8 once/2 tazze di farina normale (per tutti gli usi).

5 ml/1 cucchiaino di bicarbonato di sodio (bicarbonato di sodio)

5 ml/1 cucchiaino di cannella in polvere

2,5 ml/½ cucchiaino di chiodi di garofano macinati

1,5 ml/¼ di cucchiaino di zenzero macinato

Un pizzico di sale

250 ml/8 fl oz/1 tazza di latticello

Per la salsa:

100 g/4 oz/½ tazza di zucchero semolato (superfino).

30 ml/2 cucchiai di farina di mais (amido di mais)

Un pizzico di sale

Un pizzico di noce moscata grattugiata

250 ml/8 fl oz/1 tazza di acqua bollente

15 g/½ oz/1 cucchiaio di burro o margarina

30 ml/2 cucchiai di succo di limone

2,5 ml/½ cucchiaino di scorza di limone finemente grattugiata

Mescolare lo zucchero, il burro o la margarina e la melassa. Incorporare gli albumi. Mescolare insieme la farina, il bicarbonato di sodio, le spezie e il sale. Mescolare alternativamente il composto di farina e il latticello nel composto di burro e zucchero fino a quando non saranno ben amalgamati. Versare in una tortiera da 20 cm/8 unta e infarinata e cuocere in forno preriscaldato a 200°C/400°F/gas mark 6 per 35 minuti fino a quando uno stecchino inserito al centro risulta pulito. Lasciare raffreddare nello stampo per 5 minuti prima di capovolgere su una gratella per completare il raffreddamento. La torta può essere servita fredda o tiepida.

Per preparare la salsa, mescolare lo zucchero, la maizena, il sale, la noce moscata e l'acqua in un pentolino a fuoco basso e mescolare fino a quando non saranno ben amalgamati. Cuocere a fuoco lento, mescolando, fino a quando il composto è denso e chiaro. Incorporare il burro o la margarina e il succo di limone e la scorza e cuocere fino a quando non si saranno amalgamati. Versare sopra il pan di zenzero per servire.

Pan di zenzero al caffè

Fa una torta da 20 cm/8

200 g/7 oz/1¾ tazze di farina autolievitante (autolievitante).

10 ml/2 cucchiaini di zenzero macinato

10 ml/2 cucchiaini di caffè solubile in grani

100 ml/4 fl oz/½ tazza di acqua calda

100 g/4 once/½ tazza di burro o margarina

75 g/3 once/¼ di tazza di sciroppo d'oro (mais leggero).

50 g/2 once/¼ di tazza di zucchero di canna morbido

2 uova sbattute

Mescolare insieme la farina e lo zenzero. Sciogliere il caffè nell'acqua calda. Sciogliere insieme la margarina, lo sciroppo e lo zucchero, quindi unirli agli ingredienti secchi. Unire il caffè e le uova. Versare in una tortiera da 20 cm/8 unta e foderata e cuocere in forno preriscaldato a 180°C/350°F/gas mark 4 per 40–45 minuti fino a quando non sarà ben lievitato ed elastico al tatto.

Torta alla crema di zenzero

Fa una torta da 20 cm/8

175 g/6 once/¾ tazza di burro o margarina, ammorbidito

150 g/5 once/2/3 tazza di zucchero di canna morbido

3 uova, leggermente sbattute

175 g/6 once/1½ tazza di farina autolievitante (autolievitante).

15 ml/1 cucchiaio di zenzero macinato Per il ripieno:

150 ml/¼ pt/2/3 tazza di panna doppia (pesante).

15 ml/1 cucchiaio di zucchero a velo (da pasticcere), setacciato

5 ml/1 cucchiaino di zenzero macinato

Sbattere insieme il burro o la margarina e lo zucchero fino a ottenere un composto leggero e spumoso. Aggiungere gradualmente le uova, poi la farina e lo zenzero e mescolare bene. Versare in due teglie da sandwich (padelle) unte e foderate da 20 cm/ 8 e cuocere in forno preriscaldato a 180°C/350°F/gas mark 4 per 25 minuti fino a quando non saranno ben lievitate ed elastiche al tatto. Lasciar raffreddare.

Montare a neve ferma la panna con lo zucchero e lo zenzero, quindi utilizzarla per unire le torte.

Torta allo zenzero di Liverpool

Fa una torta da 20 cm/8

100 g/4 once/½ tazza di burro o margarina

100 g di zucchero demerara

30 ml/2 cucchiai di sciroppo dorato (mais chiaro).

225 g/8 once/2 tazze di farina normale (per tutti gli usi).

2,5 ml/½ cucchiaino di bicarbonato di sodio (bicarbonato di sodio)

10 ml/2 cucchiaini di zenzero macinato

2 uova sbattute

225 g/8 once/11/3 tazze di uva sultanina (uvetta dorata)

50 g/2 once/½ tazza di zenzero cristallizzato (candito), tritato

Sciogliere a fuoco basso il burro o la margarina con lo zucchero e lo sciroppo. Togliere dal fuoco e aggiungere gli ingredienti secchi e l'uovo e mescolare bene. Mescolare l'uva sultanina e lo zenzero. Versare in una tortiera quadrata da 20 cm/8 unta e foderata e cuocere in forno preriscaldato a 150°C/300°F/gas mark 3 per 1 ora e mezza fino a quando diventa elastica al tatto. La torta potrebbe affondare leggermente al centro. Lasciar raffreddare nello stampo.

Pan di zenzero di farina d'avena

Fa una torta di 35 x 23 cm/14 x 9 pollici

225 g/8 oz/2 tazze di farina integrale (integrale).

75 g/3 once/¾ tazza di fiocchi d'avena

5 ml/1 cucchiaino di bicarbonato di sodio (bicarbonato di sodio)

5 ml/1 cucchiaino di cremor tartaro

15 ml/1 cucchiaio di zenzero macinato

225 g/8 once/1 tazza di burro o margarina

225 g/8 once/1 tazza di zucchero di canna morbido

Mescolare in una ciotola la farina, l'avena, il bicarbonato di sodio, il cremor tartaro e lo zenzero. Strofinare il burro o la margarina fino a quando il composto non assomiglia al pangrattato. Mescolare lo zucchero. Premere bene il composto in una tortiera unta da 35 x 23 cm/14 x 9 pollici (teglia) e cuocere in forno preriscaldato a 160°C/325°F/gas mark 3 per 30 minuti fino a doratura. Tagliare a quadretti ancora caldo e lasciar raffreddare completamente nello stampo.

> Pan di zenzero all'arancia
>
> Fa una torta da 23 cm/9 pollici
>
> 450 g/1 libbra/4 tazze di farina normale (per tutti gli usi).
>
> 5 ml/1 cucchiaino di cannella in polvere
>
> 2,5 ml/½ cucchiaino di zenzero macinato
>
> 2,5 ml/½ cucchiaino di bicarbonato di sodio (bicarbonato di sodio)
>
> 175 g/6 once/2/3 tazza di burro o margarina
>
> 175 g/6 once/2/3 tazze di zucchero semolato (superfino).
>
> 75 g di buccia d'arancia glacé (candita), tritata
>
> Scorza grattugiata e succo di ½ arancia grande
>
> 175 g/6 once/½ tazza di sciroppo dorato (mais chiaro), riscaldato
>
> 2 uova, leggermente sbattute

Un po' di latte

Mescolare insieme la farina, le spezie e il bicarbonato di sodio, quindi strofinare il burro o la margarina fino a quando il composto non assomiglia al pangrattato. Mescolare lo zucchero, la buccia e la scorza d'arancia, quindi fare un buco al centro. Mescolare il succo d'arancia e lo sciroppo riscaldato, quindi incorporare le uova fino a ottenere una consistenza morbida e gocciolante, aggiungendo un po' di latte se necessario. Sbattere bene, quindi versare in una tortiera quadrata da 23 cm/9 in unta (teglia) e cuocere in forno preriscaldato a 160°C/325°F/gas mark 3 per 1 ora fino a quando non sarà ben lievitato ed elastico al tatto.

Pan di zenzero appiccicoso

Fa una torta da 25 cm/10 pollici

275 g/10 once/2½ tazze di farina normale (per tutti gli usi).

10 ml/2 cucchiaini di cannella in polvere

5 ml/1 cucchiaino di bicarbonato di sodio (bicarbonato di sodio)

100 g/4 once/½ tazza di burro o margarina

175 g/6 once/½ tazza di sciroppo dorato (mais leggero).

175 g/6 oz/½ tazza di melassa nera (melassa)

100 g/4 once/½ tazza di zucchero di canna morbido

2 uova sbattute

150 ml/¼ pt/2/3 tazza di acqua calda

Mescolare insieme la farina, la cannella e il bicarbonato di sodio. Sciogliere il burro o la margarina con lo sciroppo, la melassa e lo zucchero e versarli negli ingredienti secchi. Aggiungere le uova e l'acqua e mescolare bene. Versare in una tortiera quadrata da 25 cm/10 unta e foderata. Cuocere in forno preriscaldato a 180°C/350°F/gas mark 4 per 40–45 minuti fino a quando non saranno ben lievitati ed elastici al tatto.

Pan di zenzero integrale

Fa una torta da 18 cm/7 pollici

100 g/4 once/1 tazza di farina normale (per tutti gli usi).

100 g/4 oz/1 tazza di farina integrale (integrale).

50 g/2 once/¼ di tazza di zucchero di canna morbido

50 g/2 oz/1/3 di tazza di uva sultanina (uvetta dorata)

10 ml/2 cucchiaini di zenzero macinato

5 ml/1 cucchiaino di cannella in polvere

5 ml/1 cucchiaino di bicarbonato di sodio (bicarbonato di sodio)

Un pizzico di sale

100 g/4 once/½ tazza di burro o margarina

30 ml/2 cucchiai di sciroppo dorato (mais chiaro).

30 ml/2 cucchiai di melassa nera (melassa)

1 uovo, leggermente sbattuto

150 ml/¼ pt/2/3 tazza di latte

Mescolare insieme gli ingredienti secchi. Sciogliere il burro o la margarina con lo sciroppo e la melassa e incorporare agli ingredienti secchi con l'uovo e il latte. Versare in una tortiera da 18 cm/7 unta e foderata e cuocere in forno preriscaldato a 160°C/325°F/gas mark 3 per 1 ora fino a quando non diventa elastica al tatto.

Torta Miele e Mandorle

Fa una torta da 20 cm/8

250 g/9 once di carote, grattugiate

65 g di mandorle, tritate finemente

2 uova

100 g/4 oz/1/3 di tazza di miele trasparente

60 ml/4 cucchiai di olio

150 ml/¼ pt/2/3 tazza di latte

100 g/4 oz/1 tazza di farina integrale (integrale).

25 g/1 oz/¼ di tazza di farina normale (per tutti gli usi).

10 ml/2 cucchiaini di cannella in polvere

2,5 ml/½ cucchiaino di bicarbonato di sodio (bicarbonato di sodio)

Un pizzico di sale

Glassa glassata al limone

Qualche mandorla a lamelle per decorare

Mescolare le carote e le noci. Sbattere le uova in una ciotola a parte, poi unire il miele, l'olio e il latte. Mescolare le carote e le noci, quindi incorporare gli ingredienti secchi. Versare in una tortiera da 20 cm/8 unta e foderata e cuocere in forno preriscaldato a 150°C/300°F/gas mark 2 per 1–1¼ ore fino a quando non sarà ben lievitato e elastico al tatto. Lasciar raffreddare nello stampo prima di sformare. Cospargere con la glassa glacé al limone, quindi decorare con scaglie di mandorle.

Torta glassata al limone

Fa una torta da 18 cm/7 pollici

100 g/4 once/½ tazza di burro o margarina, ammorbidito

100 g/4 oz/½ tazza di zucchero semolato (superfino).

2 uova

100 g/4 once/1 tazza di farina normale (per tutti gli usi).

50 g/2 oz/½ tazza di riso macinato

2,5 ml/½ cucchiaino di lievito in polvere

Scorza grattugiata e succo di 1 limone

100 g di zucchero a velo (da pasticcere), setacciato

Sbattere insieme il burro o la margarina e lo zucchero fino a ottenere un composto leggero e spumoso. Unire le uova una alla volta, sbattendo bene dopo ogni aggiunta. Unire la farina, il riso macinato, il lievito e la scorza di limone, quindi incorporare al composto. Versare in una tortiera da 18 cm/7 unta e foderata e cuocere in forno preriscaldato a 180°C/350°F/gas mark 4 per 1 ora fino a quando diventa elastico al tatto. Togliere dallo stampo e lasciar raffreddare.

Mescolare lo zucchero a velo con un po' di succo di limone fino ad ottenere un composto omogeneo. Versare sopra la torta e lasciare solidificare.

Anello da tè freddo

Serve 4-6

150 ml/¼ pt/2/3 tazza di latte caldo

2,5 ml/½ cucchiaino di lievito secco

25 g/1 oz/2 cucchiai di zucchero semolato (superfino).

25 g/1 oz/2 cucchiai di burro o margarina

225 g/8 oz/2 tazze di farina forte (per pane).

1 uovo sbattuto Per il ripieno:

50 g/2 once/¼ di tazza di burro o margarina, ammorbiditi

50 g/2 oz/¼ di tazza di mandorle tritate

50 g/2 once/¼ di tazza di zucchero di canna morbido

Per la farcitura:
100 g di zucchero a velo (da pasticcere), setacciato

15 ml/1 cucchiaio di acqua tiepida

30 ml/2 cucchiai di scaglie di mandorle

Versare il latte sul lievito e lo zucchero e mescolare. Lasciare in un luogo caldo fino a quando non diventa spumoso. Strofina il burro o la margarina nella farina. Incorporare il composto di lievito e l'uovo e sbattere bene. Coprire la ciotola con pellicola oleata (pellicola) e lasciare in un luogo caldo per 1 ora. Impastare ancora, quindi formare un rettangolo di circa 30 x 23 cm/12 x 9 pollici. Spalmare il burro o la margarina per il ripieno sull'impasto e cospargere con mandorle tritate e zucchero. Arrotolare formando un lungo salsicciotto e formare un anello, sigillando i bordi con un po' d'acqua. Taglia due terzi del rotolo a intervalli di circa 3 cm / 1½ e posizionalo su una teglia unta (biscotti). Lasciare in un luogo caldo per 20 minuti. Cuocere in forno preriscaldato a 200°C/425°F/gas 7 per 15 minuti. Ridurre la temperatura del forno a 180°C/350°F/gas 4 per altri 15 minuti.

Nel frattempo, frullare lo zucchero a velo e l'acqua per ottenere una glassa glacé. Una volta fredda, spalmare sulla torta e decorare con scaglie di mandorle.

Torta Lardo

Fa una torta di 23 x 18 cm/9 x 7 pollici

15 g/½ oz di lievito fresco o 20 ml/4 cucchiaini di lievito secco

5 ml/1 cucchiaino di zucchero semolato (superfino).

300 ml/½ pt/1¼ tazze di acqua calda

150 g/5 once/2/3 tazza di strutto (accorciamento)

450 g/1 lb/4 tazze di farina forte (pane).

Un pizzico di sale

100 g/4 oz/2/3 tazza di uva sultanina (uvetta dorata)

100 g/4 oz/2/3 tazza di miele chiaro

Mescolare il lievito con lo zucchero e un po' di acqua tiepida e lasciare in un luogo caldo per 20 minuti fino a ottenere un composto spumoso.

Strofinare 25 g/1 oz/2 cucchiai di strutto nella farina e nel sale e fare un buco al centro. Versare la miscela di lievito e l'acqua calda rimanente e mescolare fino a ottenere un impasto duro. Impastare fino a che liscio ed elastico. Mettere in una ciotola oleata, coprire con pellicola oleata (pellicola) e lasciare in un luogo caldo per circa 1 ora fino a quando raddoppia di volume.

Tagliare a dadini il restante lardo. Riprendete l'impasto, poi stendetelo in un rettangolo di circa 35 x 23 cm/14 x 9 pollici. Ricoprite i due terzi superiori dell'impasto con un terzo dello strutto, un terzo dell'uva sultanina e un quarto di il miele. Piega il terzo liscio della pasta sopra il ripieno, quindi ripiega il terzo superiore su quello. Premere i bordi insieme per sigillare, quindi dare alla pasta un quarto di giro in modo che la piega sia alla tua sinistra. Stendere e ripetere il procedimento altre due volte per esaurire tutto lo strutto e l'uva sultanina. Mettere su una teglia unta (biscotti) e segnare un motivo incrociato sulla parte superiore con un coltello. Coprire e lasciare in un luogo caldo per 40 minuti.

Cuocere in forno preriscaldato a 220°C/425°F/gas mark 7 per 40 minuti. Cospargere la parte superiore con il miele rimanente, quindi lasciare raffreddare.

Torta al lardo di semi di cumino

Fa una torta di 23 x 18 cm/9 x 7 pollici

Impasto Pane Bianco Base da 450 g/1 lb

175 g/6 oz/¾ tazza di strutto (accorciamento), tagliato a pezzi

175 g/6 once/¾ di tazza di zucchero semolato (superfino).

15 ml/1 cucchiaio di semi di cumino

Preparare l'impasto, quindi stenderlo su una superficie leggermente infarinata fino a ottenere un rettangolo di circa 35 x 23 cm/14 x 9 pollici. Cospargere i due terzi superiori dell'impasto con metà dello strutto e metà dello zucchero, quindi ripiegare la pianura terzo dell'impasto e ripiegare il terzo superiore su quello. Date all'impasto un quarto di giro in modo che la piega sia alla vostra sinistra, quindi stendete nuovamente e cospargete allo stesso modo con lo strutto e lo zucchero rimasti e i semi di cumino. Piegare di nuovo, quindi modellare per adattarlo a una teglia (padella) e incidere la parte superiore a forma di diamante. Coprire con pellicola oleata (pellicola) e lasciare in un luogo caldo per circa 30 minuti fino al raddoppio.

Cuocere in forno preriscaldato a 200°C/400°F/gas mark 6 per 1 ora. Lasciare raffreddare nello stampo per 15 minuti in modo che il grasso si impregni nell'impasto, quindi capovolgere su una griglia per raffreddare completamente.

Torta di marmo

Fa una torta da 20 cm/8

175 g/6 once/¾ tazza di burro o margarina, ammorbidito

175 g/6 once/¾ di tazza di zucchero semolato (superfino).

3 uova, leggermente sbattute

225 g/8 oz/2 tazze di farina autolievitante (autolievitante).

Qualche goccia di essenza di mandorla (estratto)

Qualche goccia di colorante alimentare verde

Qualche goccia di colorante alimentare rosso

Sbattere insieme il burro o la margarina e lo zucchero fino a ottenere un composto leggero e spumoso. Sbattere gradualmente le uova, quindi incorporare la farina. Dividete il composto in tre. Aggiungi l'essenza di mandorle a un terzo, il colorante alimentare verde a un terzo e il colorante alimentare rosso al restante terzo. Mettere grandi cucchiaiate delle tre miscele alternativamente in una tortiera da 20 cm/8 imburrata e foderata e cuocere in forno preriscaldato a 180°C/350°F/gas mark 4 per 45 minuti fino a quando non sarà ben lievitata e elastica a il tocco.

Torta a strati Lincolnshire

Fa una torta da 20 cm/8

175 g/6 once/¾ di tazza di burro o margarina

350 g/12 oz/3 tazze di farina normale (per tutti gli usi).

Un pizzico di sale

150 ml/¼ pt/2/3 tazza di latte

15 ml/1 cucchiaio di lievito secco Per il ripieno:

225 g/8 once/11/3 tazze di uva sultanina (uvetta dorata)

225 g/8 once/1 tazza di zucchero di canna morbido

25 g/1 oz/2 cucchiai di burro o margarina

2,5 ml/½ cucchiaino di pimento macinato

1 uovo, separato

Strofina metà del burro o della margarina nella farina e nel sale finché il composto non assomiglia al pangrattato. Riscaldare il burro o la margarina rimanenti con il latte fino a quando non diventa caldo, quindi mescolare un po 'fino a ottenere una pasta con il lievito. Mescolare la miscela di lievito e il latte e il burro rimanenti nella miscela di farina e impastare fino a ottenere un impasto morbido. Mettere in una ciotola unta d'olio, coprire e lasciare in un luogo caldo per circa 1 ora fino al raddoppio. Nel frattempo, mettere tutti gli ingredienti del ripieno tranne l'albume in una padella a fuoco basso e lasciarli sciogliere.

Stendere un quarto della pasta in un cerchio di 20 cm/8 e spalmare con un terzo del ripieno. Ripetere con le rimanenti quantità di pasta e ripieno, guarnendo con un cerchio di pasta. Spennellare i bordi con l'albume e sigillare insieme. Cuocere in forno preriscaldato a 190°C/375°F/gas mark 5 per 20 minuti. Spennellare la parte superiore con l'albume, quindi rimettere in forno per altri 30 minuti fino a doratura.

Torta Di Pane

Fa una torta da 900 g/2 libbre

175 g/6 once/¾ tazza di burro o margarina, ammorbidito

275 g/10 once/1¼ tazze di zucchero semolato (superfino).

Scorza grattugiata e succo di ½ limone

120 ml/4 fl oz/½ tazza di latte

275 g/10 oz/2¼ tazze di farina autolievitante (autolievitante).

5 ml/1 cucchiaino di sale

5 ml/1 cucchiaino di lievito in polvere

3 uova

Zucchero a velo (da pasticceria), setacciato, per spolverare

Amalgamare il burro o la margarina, lo zucchero e la scorza di limone fino a ottenere un composto chiaro e spumoso. Mescolare il succo di limone e il latte, quindi unire la farina, il sale e il lievito e mescolare fino a che liscio. Aggiungere gradualmente le uova, sbattendo bene dopo ogni aggiunta. Versare il composto in una teglia (teglia) da 900 g/ 2 libbre unta e foderata e cuocere in forno preriscaldato a 150 ° F / 300 ° F / gas mark 2 per 1 ora e ¼ fino a quando diventa elastico al tatto. Lasciare raffreddare nello stampo per 10 minuti prima di sformare per finire di raffreddare su una gratella. Servire cosparso di zucchero a velo.

Torta alla marmellata

Fa una torta da 18 cm/7 pollici

175 g/6 once/¾ tazza di burro o margarina, ammorbidito

175 g/6 once/¾ di tazza di zucchero semolato (superfino).

3 uova, separate

300 g/10 oz/2½ tazze di farina autolievitante (autolievitante).

45 ml/3 cucchiai di marmellata densa

50 g/2 oz/1/3 di tazza di buccia mista tritata (candita).

Scorza grattugiata di 1 arancia

45 ml/3 cucchiai di acqua

                      Per la glassa (glassa):
100 g di zucchero a velo (da pasticcere), setacciato

Succo di 1 arancia

Qualche fetta di arancia candita

Sbattere insieme il burro o la margarina e lo zucchero fino a ottenere un composto leggero e spumoso. Aggiungere gradualmente i tuorli d'uovo, quindi 15 ml/1 cucchiaio di farina. Unire la marmellata, le bucce miste, la scorza d'arancia e l'acqua, quindi incorporare la farina rimanente. Montate gli albumi a neve ben ferma, poi incorporateli al composto aiutandovi con un cucchiaio di metallo. Versare in una tortiera da 18 cm/7 unta e foderata e cuocere in forno preriscaldato a 180°C/350°F/gas mark 4 per 1¼ ore fino a quando non sarà ben lievitato ed elastico al tatto. Lasciare raffreddare nello stampo per 5 minuti, quindi capovolgere su una gratella per completare il raffreddamento.

Per preparare la glassa, mettete lo zucchero a velo in una ciotola e fate un buco al centro. Lavorare gradualmente in abbastanza succo d'arancia per dare una consistenza spalmabile. Versare sopra la torta e lungo i lati e lasciare solidificare. Decorare con fettine di arancia cristallizzate.

Torta di semi di papavero

Fa una torta da 20 cm/8

250 ml/8 fl oz/1 tazza di latte

100 g/4 once/1 tazza di semi di papavero

225 g/8 once/1 tazza di burro o margarina, ammorbidito

225 g/8 once/1 tazza di zucchero di canna morbido

3 uova, separate

100 g/4 once/1 tazza di farina normale (per tutti gli usi).

100 g/4 oz/1 tazza di farina integrale (integrale).

5 ml/1 cucchiaino di lievito in polvere

In un pentolino portare a ebollizione il latte con i semi di papavero, quindi togliere dal fuoco, coprire e lasciare in ammollo per 30 minuti. Sbattere insieme il burro o la margarina e lo zucchero fino a ottenere un composto chiaro e spumoso. A poco a poco sbattere i tuorli, quindi incorporare le farine e il lievito. Mescolare i semi di papavero e il latte. Montate gli albumi a neve ben ferma, poi incorporateli al composto aiutandovi con un cucchiaio di metallo. Versare in una tortiera da 20 cm/8 unta e foderata e cuocere in forno preriscaldato a 180°C/350°F/gas mark 4 per 1 ora fino a quando uno stecchino inserito al centro risulta pulito. Lasciare raffreddare nello stampo per 10 minuti prima di sformare per finire il raffreddamento su una gratella.

Torta allo yogurt semplice

Fa una torta da 23 cm/9 pollici

150 g/5 oz di yogurt bianco

150 ml/¼ pt/2/3 tazza di olio

225 g/8 oz/1 tazza di zucchero semolato (superfino).

225 g/8 oz/2 tazze di farina autolievitante (autolievitante).

10 ml/2 cucchiaini di lievito in polvere

2 uova sbattute

Mescolare tutti gli ingredienti fino a ottenere un composto omogeneo, quindi versare in una tortiera da 23 cm/9 unta e foderata. Cuocere in forno preriscaldato a 160°C/325°F/gas mark 3 per 1¼ ore fino a quando non diventa elastico al tatto. Lasciar raffreddare nello stampo.

Torta di prugne e crema pasticcera

Fa una torta da 23 cm/9 pollici

Per il ripieno:

150 g di prugne secche snocciolate (snocciolate), tritate grossolanamente

120 ml/4 fl oz/½ tazza di succo d'arancia

50 g/2 oz/¼ di tazza di zucchero semolato (superfino).

30 ml/2 cucchiai di farina di mais (amido di mais)

175 ml/6 fl oz/¾ di tazza di latte

2 tuorli d'uovo

Scorza finemente grattugiata di 1 arancia

Per la torta:

175 g/6 once/¾ tazza di burro o margarina, ammorbidito

225 g/8 oz/1 tazza di zucchero semolato (superfino).

3 uova, leggermente sbattute

200 g/7 oz/1¾ tazze di farina semplice (per tutti gli usi).

10 ml/2 cucchiaini di lievito in polvere

2,5 ml/½ cucchiaino di noce moscata grattugiata

75 ml/5 cucchiai di succo d'arancia

Prepara prima il ripieno. Mettere a bagno le prugne nel succo d'arancia per almeno due ore.

Mescolare lo zucchero e la maizena fino a ottenere una pasta con un po' di latte. In un pentolino portare a ebollizione il latte rimanente. Versare lo zucchero e la maizena e mescolare bene, quindi tornare nella padella sciacquata e sbattere i tuorli. Aggiungere la scorza d'arancia e mescolare a fuoco molto basso fino a quando non si addensa, ma non far bollire la crema pasticcera. Metti la padella in una ciotola di acqua fredda e mescola la crema pasticcera di tanto in tanto mentre si raffredda.

Per preparare la torta, unire il burro o la margarina e lo zucchero fino a ottenere un composto chiaro e spumoso. A poco a poco sbattere le uova, quindi incorporare la farina, il lievito e la noce moscata alternandoli al succo d'arancia. Versare metà dell'impasto in una tortiera imburrata da 23 cm/9 pollici, quindi spalmare sopra la crema pasticcera, lasciando uno spazio attorno al bordo. Versare le prugne e il succo di ammollo sopra la crema pasticcera, quindi ricoprire con il restante composto per torta, assicurandosi che il composto per torta aderisca ai lati del ripieno e che il ripieno sia completamente coperto. Cuocere in forno preriscaldato a 200°C/400°F/gas mark 6 per 35 minuti fino a doratura e restringimento dai lati della teglia. Lasciar raffreddare nello stampo prima di sformare.

Torta Ripple ai lamponi con glassa al cioccolato

Fa una torta da 20 cm/8

175 g/6 once/¾ tazza di burro o margarina, ammorbidito

175 g/6 once/¾ di tazza di zucchero semolato (superfino).

3 uova, leggermente sbattute

225 g/8 oz/2 tazze di farina autolievitante (autolievitante).

100 g di lamponi Per la glassa e la decorazione:

Glassa al burro al cioccolato bianco

100 g/4 oz/1 tazza di cioccolato fondente (semidolce).

Sbattere insieme il burro o la margarina e lo zucchero fino a ottenere un composto leggero e spumoso. Sbattere gradualmente le uova, quindi incorporare la farina. Frullate i lamponi, quindi passateli al setaccio (colino) per eliminare i semi. Mescolare la purea nel composto della torta, in modo che marmi attraverso il composto e non si mescoli. Versare in una tortiera da 20 cm/8 unta e foderata e cuocere in forno preriscaldato a 180°C/350° F/ gas segno 4 per 45 minuti fino a quando non è ben lievitato ed elastico al tatto. Trasferire su una gratella per raffreddare.

Stendere la glassa al burro sulla torta e irruvidire la superficie con una forchetta. Sciogliere il cioccolato in una ciotola resistente al calore posta sopra una pentola di acqua bollente. Stendere su una teglia (biscotti) e lasciare fino a quando non si solidifica quasi. Raschiare il piatto di un coltello affilato sul cioccolato per formare dei riccioli. Utilizzare per decorare la parte superiore della torta.

Torta Di Sabbia

Fa una torta da 20 cm/8

75 g/3 once/1/3 tazza di burro o margarina, ammorbidito

75 g/3 oz/1/3 di tazza di zucchero semolato (superfino).

2 uova, leggermente sbattute

100 g/4 oz/1 tazza di farina di mais (amido di mais)

25 g/1 oz/¼ di tazza di farina normale (per tutti gli usi).

5 ml/1 cucchiaino di lievito in polvere

50 g/2 once/½ tazza di noci miste tritate

Sbattere insieme il burro o la margarina e lo zucchero fino a ottenere un composto chiaro e spumoso. Sbattere gradualmente le uova, quindi incorporare la maizena, la farina e il lievito. Versare il composto in una tortiera quadrata di 20 cm di diametro unta e cospargere con le noci tritate. Cuocere in forno preriscaldato a 180°C/350°F/gas mark 4 per 1 ora fino a quando non diventa elastico al tatto.

Torta Di Semi

Fa una torta da 18 cm/7 pollici

100 g/4 once/½ tazza di burro o margarina, ammorbidito

100 g/4 oz/½ tazza di zucchero semolato (superfino).

2 uova, leggermente sbattute

225 g/8 once/2 tazze di farina normale (per tutti gli usi).

25 g/1 oz/¼ di tazza di semi di cumino

5 ml/1 cucchiaino di lievito in polvere

Un pizzico di sale

45 ml/3 cucchiai di latte

Sbattere insieme il burro o la margarina e lo zucchero fino a ottenere un composto chiaro e spumoso. Sbattere gradualmente le uova, quindi incorporare la farina, i semi di cumino, il lievito e il sale. Mescolare abbastanza latte per ottenere una consistenza gocciolante. Versare in una tortiera da 18 cm/7 unta e foderata e cuocere in forno preriscaldato a 200°C/400°F/gas mark 6 per 1 ora fino a quando diventa elastica al tatto e inizia a restringersi dai lati della latta.

Ciambella speziata

Fa un anello di 23 cm/9 in

1 mela, sbucciata, privata del torsolo e grattugiata

30 ml/2 cucchiai di succo di limone

25 g/8 once/1 tazza di zucchero di canna morbido

5 ml/1 cucchiaino di zenzero macinato

5 ml/1 cucchiaino di cannella in polvere

2,5 ml/½ cucchiaino di spezie miste macinate (torta di mele).

225 g/8 once/2/3 tazza di sciroppo d'oro (mais leggero).

250 ml/8 fl oz/1 tazza di olio

10 ml/2 cucchiaini di lievito in polvere

400 g/14 oz/3½ tazze di farina semplice (per tutti gli usi).

10 ml/2 cucchiaini di bicarbonato di sodio (bicarbonato di sodio)

250 ml/8 fl oz/1 tazza di tè forte caldo

1 uovo sbattuto

Zucchero a velo (da pasticceria), setacciato, per spolverare

Mescolare insieme la mela e il succo di limone. Mescolare lo zucchero e le spezie, quindi lo sciroppo e l'olio. Aggiungere il lievito alla farina e il bicarbonato di sodio al tè caldo. Mescolare questi alternativamente nella miscela, quindi mescolare l'uovo. Versare in una tortiera ad anello profonda (teglia) da 23 cm/9 unta e foderata e cuocere in forno preriscaldato a 180°C/350°F/gas mark 4 per 1 ora fino a renderla elastica al tatto. Lasciare raffreddare nello stampo per 10 minuti, quindi capovolgere su una gratella per completare il raffreddamento. Servire spolverato di zucchero a velo.

Torta a strati piccante

Fa una torta da 23 cm/9 pollici

100 g/4 once/½ tazza di burro o margarina, ammorbidito

100 g/4 once/½ tazza di zucchero semolato

100 g/4 once/½ tazza di zucchero di canna morbido

2 uova sbattute

175 g/6 once/1½ tazze di farina normale (per tutti gli usi).

5 ml/1 cucchiaino di lievito in polvere

5 ml/1 cucchiaino di cannella in polvere

2,5 ml/½ cucchiaino di bicarbonato di sodio (bicarbonato di sodio)

2,5 ml/½ cucchiaino di spezie miste macinate (torta di mele).

Un pizzico di sale

200 ml/7 fl oz/scarso 1 tazza di latte evaporato in scatola

Glassa al burro al limone

Sbattere insieme il burro o la margarina e gli zuccheri fino a ottenere un composto chiaro e spumoso. Sbattere gradualmente le uova, quindi incorporare gli ingredienti secchi e il latte evaporato e frullare fino a ottenere un composto omogeneo. Versare in due stampini da 23 cm/9 unti e rivestiti e cuocere in forno preriscaldato a 180°C/350°F/gas mark 4 per 30 minuti fino a quando diventano elastici al tatto. Lasciare raffreddare, quindi unire insieme alla glassa al burro al limone.

Torta di zucchero e cannella

Fa una torta da 23 cm/9 pollici

175 g/6 once/1½ tazza di farina autolievitante (autolievitante).

10 ml/2 cucchiaini di lievito in polvere

Un pizzico di sale

175 g/6 once/¾ di tazza di zucchero semolato (superfino).

50 g/2 once/¼ di tazza di burro o margarina, sciolti

1 uovo, leggermente sbattuto

120 ml/4 fl oz/½ tazza di latte

2,5 ml/½ cucchiaino di essenza di vaniglia (estratto)

Per la farcitura:

50 g/2 once/¼ di tazza di burro o margarina, sciolti

50 g/2 once/¼ di tazza di zucchero di canna morbido

2,5 ml/½ cucchiaino di cannella in polvere

Sbattere insieme tutti gli ingredienti della torta fino a renderli lisci e ben amalgamati. Versare in una tortiera unta da 23 cm/9 in (teglia) e cuocere in forno preriscaldato a 180°C/350°F/gas mark 4 per 25 minuti fino a doratura. Spennellare la torta calda con il burro. Mescolare lo zucchero e la cannella e cospargere sopra. Rimettete la torta in forno per altri 5 minuti.

Torta vittoriana al tè

Fa una torta da 20 cm/8

225 g/8 once/1 tazza di burro o margarina, ammorbidito

225 g/8 oz/1 tazza di zucchero semolato (superfino).

225 g/8 oz/2 tazze di farina autolievitante (autolievitante).

25 g/1 oz/¼ di tazza di farina di mais (amido di mais)

30 ml/2 cucchiai di semi di cumino

5 uova, separate

Zucchero semolato per spolverare

Sbattere insieme il burro o la margarina e lo zucchero fino a ottenere un composto chiaro e spumoso. Incorporare la farina, la maizena e i semi di cumino. Sbattete i tuorli d'uovo, quindi incorporateli al composto. Montate gli albumi a neve ben ferma, quindi incorporateli delicatamente al composto aiutandovi con un cucchiaio di metallo. Versare in una tortiera da 20 cm/8 imburrata e foderata e cospargere di zucchero. Cuocere in forno preriscaldato a 180°C/350°F/gas mark 4 per 1 ora e mezza fino a doratura e iniziare a restringersi dai lati della teglia.

Torta alla frutta tutto in uno

Fa una torta da 20 cm/8

175 g/6 once/¾ tazza di burro o margarina, ammorbidito

175 g/6 once/¾ di tazza di zucchero di canna morbido

3 uova

15 ml/1 cucchiaio di sciroppo dorato (mais leggero).

100 g di ciliegie glacé (candite).

100 g/4 oz/2/3 tazza di uva sultanina (uvetta dorata)

100 g/4 once/2/3 tazze di uvetta

225 g/8 oz/2 tazze di farina autolievitante (autolievitante).

10 ml/2 cucchiaini di spezie miste macinate (torta di mele).

Metti tutti gli ingredienti in una ciotola e sbatti insieme fino a quando non saranno ben amalgamati, oppure lavorali in un robot da cucina. Versare in una tortiera da 20 cm/8 unta e foderata e cuocere in forno preriscaldato a 160°C/325°F/gas mark 3 per 1 ora e mezza fino a quando uno stecchino inserito al centro risulta pulito. Lasciare nella teglia per 5 minuti, quindi capovolgere su una gratella per completare il raffreddamento.

Torta alla frutta in padella tutto in uno

Fa una torta da 20 cm/8

350 g/12 oz/2 tazze di frutta secca mista (miscela per torta di frutta)

100 g/4 once/½ tazza di burro o margarina

100 g/4 once/½ tazza di zucchero di canna morbido

150 ml/¼ pt/2/3 tazza di acqua

2 uova grandi, sbattute

225 g/8 oz/2 tazze di farina autolievitante (autolievitante).

5 ml/1 cucchiaino di spezie miste macinate (torta di mele).

Mettere in una casseruola la frutta, il burro o la margarina, lo zucchero e l'acqua, portare a ebollizione e cuocere a fuoco lento per 15 minuti. Lasciar raffreddare. Mescolare a cucchiaiate le uova alternativamente con la farina e le spezie miste e mescolare bene. Versare in una tortiera unta da 20 cm/ 8 pollici (teglia) e cuocere in forno preriscaldato a 140°C/275°F/gas mark 1 per 1-1½ ore fino a quando uno stecchino inserito al centro risulta pulito.

Torta di frutta australiana

Fa una torta da 900 g/2 libbre

100 g/4 once/½ tazza di burro o margarina

225 g/8 once/1 tazza di zucchero di canna morbido

250 ml/8 fl oz/1 tazza di acqua

350 g/12 oz/2 tazze di frutta secca mista (miscela per torta di frutta)

5 ml/1 cucchiaino di bicarbonato di sodio (bicarbonato di sodio)

10 ml/2 cucchiaini di spezie miste macinate (torta di mele).

5 ml/1 cucchiaino di zenzero macinato

100 g/4 oz/1 tazza di farina autolievitante (autolievitante).

100 g/4 once/1 tazza di farina normale (per tutti gli usi).

1 uovo sbattuto

In un pentolino portare a ebollizione tutti gli ingredienti tranne le farine e l'uovo. Togliere dal fuoco e lasciare raffreddare. Unire le farine e l'uovo. Mettere il composto in una teglia (teglia) da 900 g/2 lb imburrata e foderata e cuocere in forno preriscaldato a 160°C/325°F/gas mark 3 per 1 ora fino a quando non è ben lievitato e uno stecchino inserito al centro viene fuori pulito.

Torta Ricca Americana

Fa una torta da 25 cm/10 pollici

225 g/8 once/11/3 tazze di ribes

100 g/4 oz/1 tazza di mandorle sbollentate

15 ml/1 cucchiaio di acqua di fiori d'arancio

45 ml/3 cucchiai di sherry secco

1 tuorlo d'uovo grande

2 uova

350 g/12 oz/1½ tazza di burro o margarina, ammorbidito

175 g/6 once/¾ di tazza di zucchero semolato (superfino).

Un pizzico di macis macinato

Un pizzico di cannella in polvere

Un pizzico di chiodi di garofano macinati

Un pizzico di zenzero macinato

Un pizzico di noce moscata grattugiata

30 ml/2 cucchiai di brandy

225 g/8 once/2 tazze di farina normale (per tutti gli usi).

50 g di buccia mista tritata (candita).

Immergere i ribes in acqua calda per 15 minuti, quindi scolarli bene. Tritare finemente le mandorle con l'acqua di fiori d'arancio e 15 ml/1 cucchiaio di sherry. Sbattere insieme il tuorlo e le uova. Montare a crema il burro o la margarina e lo zucchero, quindi incorporare il composto di mandorle e le uova e sbattere fino a ottenere un composto bianco e denso. Aggiungere le spezie, lo sherry rimanente e il brandy. Mescolare la farina, quindi mescolare il ribes e la buccia mista. Versare in una tortiera unta da 25 cm/10 e cuocere in forno preriscaldato a 180°C/350°F/gas mark 4 per circa 1 ora fino a quando uno stecchino inserito al centro risulta pulito.

Torta di frutta alla carruba

Fa una torta da 18 cm/7 pollici

450 g/1 lb/2 2/3 tazze di uvetta

300 ml/½ pt/1¼ tazze di succo d'arancia

175 g/6 once/¾ tazza di burro o margarina, ammorbidito

3 uova, leggermente sbattute

225 g/8 once/2 tazze di farina normale (per tutti gli usi).

75 g/3 once/¾ di tazza di carruba in polvere

10 ml/2 cucchiaini di lievito in polvere

Scorza grattugiata di 2 arance

50 g/2 once/½ tazza di noci, tritate

Immergere l'uvetta nel succo d'arancia durante la notte. Frullare insieme il burro o la margarina e le uova fino a che liscio. Incorporare gradualmente l'uvetta e il succo d'arancia e gli altri ingredienti. Versare in una tortiera da 18 cm/7 unta e foderata e cuocere in forno preriscaldato a 180°C/350°F/gas mark 4 per 30 minuti, quindi ridurre la temperatura del forno a 160°C/325°F/gas mark 3 per altre 1¼ ore fino a quando uno spiedino inserito al centro risulta pulito. Lasciare raffreddare nello stampo per 10 minuti prima di capovolgere su una gratella per completare il raffreddamento.

Torta di frutta al caffè

Fa una torta da 25 cm/10 pollici

450 g/1 libbra/2 tazze di zucchero semolato (superfino).

450 g/1 lb/2 tazze di datteri snocciolati (snocciolati), tritati

450 g/1 lb/22/3 tazze di uvetta

450 g/1 lb/22/3 tazze di uva sultanina (uvetta dorata)

100 g di ciliegie glacé (candite), tritate

100 g/4 once/1 tazza di noci miste tritate

450 ml/¾ pt/2 tazze di caffè nero forte

120 ml/4 fl oz/½ tazza di olio

100 g/4 oz/1/3 di tazza di sciroppo dorato (mais leggero).

10 ml/2 cucchiaini di cannella in polvere

5 ml/1 cucchiaino di noce moscata grattugiata

Un pizzico di sale

10 ml/2 cucchiaini di bicarbonato di sodio (bicarbonato di sodio)

15 ml/1 cucchiaio di acqua

2 uova, leggermente sbattute

450 g/1 libbra/4 tazze di farina normale (per tutti gli usi).

120 ml/4 fl oz/½ tazza di sherry o brandy

Portare a ebollizione tutti gli ingredienti tranne il bicarbonato di sodio, l'acqua, le uova, la farina e lo sherry o il brandy in una pentola dal fondo pesante. Far bollire per 5 minuti, mescolando continuamente, quindi togliere dal fuoco e lasciare raffreddare.

Frullare il bicarbonato di sodio con l'acqua e unire al composto di frutta con le uova e la farina. Versare in una tortiera da 25 cm/10 unta e foderata e legare un doppio strato di carta oleata (cerata)

intorno all'esterno per stare sopra la parte superiore della tortiera. Cuocere in forno preriscaldato a 160°C/325°F/gas mark 3 per 1 ora. Ridurre la temperatura del forno a 150°C/300°F/gas mark 2 e cuocere per un'altra ora. Ridurre la temperatura del forno a 140°C/275°F/gas mark 1 e cuocere per una terza ora. Ridurre nuovamente la temperatura del forno a 120°C/250°F/gas mark ½ e cuocere per un'ultima ora, coprendo la parte superiore della torta con carta oleata (oleata) se inizia a dorare troppo. A cottura ultimata uno stecchino inserito al centro uscirà pulito e la torta comincerà a ritirarsi dalle pareti dello stampo.

Torta pesante della Cornovaglia

Fa una torta da 900 g/2 libbre

350 g/12 oz/3 tazze di farina normale (per tutti gli usi).

2,5 ml/½ cucchiaino di sale

175 g/6 once/¾ di tazza di strutto (accorciamento)

75 g/3 oz/1/3 di tazza di zucchero semolato (superfino).

175 g/6 once/1 tazza di ribes

Un po' di buccia mista (candita) tritata (facoltativa)

Circa 150 ml/¼ pt/2/3 tazza di latte misto e acqua

1 uovo sbattuto

Mettete la farina e il sale in una ciotola, quindi strofinate lo strutto fino a ottenere un composto simile al pangrattato. Mescolare i restanti ingredienti secchi. Aggiungere gradualmente latte e acqua quanto basta per ottenere un impasto sodo. Non ci vorrà molto. Stendere su una teglia unta (biscotti) con uno spessore di circa 1 cm/½. Glassare con l'uovo sbattuto. Disegna un motivo incrociato sulla parte superiore con la punta di un coltello. Cuocere in forno preriscaldato a 160°C/325°F/gas mark 3 per circa 20 minuti fino a doratura. Lasciare raffreddare, quindi tagliare a quadrati.

Torta Di Ribes

Fa una torta da 23 cm/9 pollici

225 g/8 once/1 tazza di burro o margarina

300 g/11 oz/1½ tazza di zucchero semolato (superfino).

Un pizzico di sale

100 ml/3½ fl oz/6½ cucchiai di acqua bollente

3 uova

400 g/14 oz/3½ tazze di farina semplice (per tutti gli usi).

175 g/6 once/1 tazza di ribes

50 g di buccia mista tritata (candita).

100 ml/3½ fl oz/6½ cucchiai di acqua fredda

15 ml/1 cucchiaio di lievito in polvere

Mettere il burro o la margarina, lo zucchero e il sale in una ciotola, versare sopra l'acqua bollente e lasciar riposare finché non si ammorbidisce. Sbattere rapidamente fino a ottenere un composto leggero e cremoso. Aggiungere gradualmente le uova, quindi incorporare alternativamente la farina, l'uva passa e la buccia mista con l'acqua fredda. Mescolare il lievito. Versare l'impasto in una tortiera imburrata da 23 cm e cuocere in forno preriscaldato a 180°C/350°F/gas mark 4 per 30 minuti. Ridurre la temperatura del forno a 150°C/300°F/gas mark 2 e cuocere per altri 40 minuti fino a quando uno stecchino inserito al centro risulta pulito. Lasciare raffreddare nello stampo per 10 minuti prima di sformare per finire il raffreddamento su una gratella.

Torta di frutta scura

Fa una torta da 25 cm/10 pollici

225 g/8 once/1 tazza di frutta mista glacé (candita) tritata

350 g/12 oz/2 tazze di datteri snocciolati (snocciolati), tritati

225 g/8 once/11/3 tazze di uvetta

225 g/8 oz/1 tazza di ciliegie glacé (candite), tritate

100 g di ananas glacé (candito), tritato

100 g/4 once/1 tazza di noci miste tritate

225 g/8 once/2 tazze di farina normale (per tutti gli usi).

5 ml/1 cucchiaino di bicarbonato di sodio (bicarbonato di sodio)

5 ml/1 cucchiaino di cannella in polvere

2,5 ml/½ cucchiaino di pimento

1,5 ml/¼ di cucchiaino di chiodi di garofano macinati

1,5 ml/¼ di cucchiaino di sale

225 g/8 oz/1 tazza di strutto (accorciamento)

225 g/8 once/1 tazza di zucchero di canna morbido

3 uova

175 g/6 oz/½ tazza di melassa nera (melassa)

2,5 ml/½ cucchiaino di essenza di vaniglia (estratto)

120 ml/4 fl oz/½ tazza di latticello

Mescolare la frutta e le noci. Mescolare insieme la farina, il bicarbonato di sodio, le spezie e il sale e incorporare 50 g/2 oz/½ tazza nella frutta. Amalgamare lo strutto e lo zucchero fino a ottenere un composto chiaro e spumoso. Aggiungere gradualmente le uova, sbattendo bene dopo ogni aggiunta.

Mescolare la melassa e l'essenza di vaniglia. Mescolare il latticello alternativamente con la miscela di farina rimanente e sbattere fino a che liscio. Unire la frutta. Versare in una tortiera da 25 cm/10 unta e foderata e cuocere in forno preriscaldato a 140°C/275°F/gas mark 1 per 2 ore e mezza fino a quando uno stecchino inserito al centro risulta pulito. Lasciare raffreddare nello stampo per 10 minuti, quindi capovolgere su una gratella per completare il raffreddamento.

Torta taglia e vieni di nuovo

Fa una torta da 20 cm/8

275 g/10 oz/12/3 tazze di frutta secca mista (miscela per torta di frutta)

100 g/4 once/½ tazza di burro o margarina

150 ml/¼ pt/2/3 tazza di acqua

1 uovo sbattuto

225 g/8 once/2 tazze di farina normale (per tutti gli usi).

Un pizzico di sale

100 g/4 oz/½ tazza di zucchero semolato (superfino).

Mettete in una casseruola la frutta, il burro o la margarina e l'acqua e fate sobbollire per 20 minuti. Lasciar raffreddare. Aggiungere l'uovo, quindi incorporare gradualmente la farina, il sale e lo zucchero. Versare in una tortiera imburrata da 20 cm e cuocere in forno preriscaldato a 160°C/325°F/gas mark 3 per 1¼ ore fino a quando uno stecchino inserito al centro risulta pulito.

Torta Dundee

Fa una torta da 20 cm/8

225 g/8 once/1 tazza di burro o margarina, ammorbidito

225 g/8 oz/1 tazza di zucchero semolato (superfino).

4 uova grandi

225 g/8 once/2 tazze di farina normale (per tutti gli usi).

Un pizzico di sale

350 g/12 oz/2 tazze di ribes

350 g/12 oz/2 tazze di uva sultanina (uvetta dorata)

175 g/6 oz/1 tazza di buccia mista tritata (candita).

100 g/4 oz/1 tazza di ciliegie glacé (candite), tagliate in quarti

Scorza grattugiata di ½ limone

50 g di mandorle intere, sbollentate

Sbattere insieme il burro e lo zucchero fino a ottenere un composto chiaro e chiaro. Sbattere le uova una alla volta, sbattendo bene tra ogni aggiunta. Piegare la farina e il sale. Unire la frutta e la scorza di limone. Tritate metà delle mandorle e aggiungetele al composto. Versare in una tortiera (teglia) da 20 cm/8 unta e foderata e legare una fascia di carta marrone attorno all'esterno della teglia in modo che sia circa 5 cm/2 più alta della teglia. Dividere le mandorle riservate e disporle in cerchi concentrici sulla parte superiore della torta. Cuocere in forno preriscaldato a 150°C/300°F/gas mark 2 per 3 ore e mezza fino a quando uno stecchino inserito al centro risulta pulito. Controllare dopo 2 ore e mezza e se la torta inizia a dorare troppo sulla parte superiore, coprire con carta da forno umida (cerata) e ridurre la temperatura del forno a 140°C/275°F/gas mark 1 per l'ultima ora di cottura.

Torta di frutta notturna senza uova

Fa una torta da 20 cm/8

50 g/2 once/¼ di tazza di burro o margarina

225 g/8 oz/2 tazze di farina autolievitante (autolievitante).

5 ml/1 cucchiaino di bicarbonato di sodio (bicarbonato di sodio)

5 ml/1 cucchiaino di noce moscata grattugiata

5 ml/1 cucchiaino di spezie miste macinate (torta di mele).

Un pizzico di sale

225 g/8 oz/11/3 tazze di frutta secca mista (miscela per torta di frutta)

100 g/4 once/½ tazza di zucchero di canna morbido

250 ml/8 fl oz/1 tazza di latte

Strofinare il burro o la margarina nella farina, nel bicarbonato di sodio, nelle spezie e nel sale finché il composto non assomiglia al pangrattato. Mescolare la frutta e lo zucchero, quindi aggiungere il latte fino a quando tutti gli ingredienti non saranno ben amalgamati. Coprire e lasciare durante la notte.

Versare il composto in una tortiera da 20 cm unta e foderata e cuocere in forno preriscaldato a 180°C/350°F/gas mark 4 per 1¾ ore fino a quando uno stecchino inserito al centro risulta pulito.

Torta alla frutta infallibile

Fa una torta da 23 cm/9 pollici

225 g/8 once/1 tazza di burro o margarina

200 g/7 once/1 tazza scarsa di zucchero semolato (superfino).

175 g/6 once/1 tazza di ribes

175 g/6 once/1 tazza di uva sultanina (uvetta dorata)

50 g di buccia mista tritata (candita).

75 g/3 once/½ tazza di datteri snocciolati (snocciolati), tritati

5 ml/1 cucchiaino di bicarbonato di sodio (bicarbonato di sodio)

200 ml/7 fl oz/1 tazza scarsa di acqua

75 g di ciliegie glacé (candite), tritate

100 g/4 once/1 tazza di noci miste tritate

60 ml/4 cucchiai di brandy o sherry

300 g/11 oz/2¾ tazze di farina normale (per tutti gli usi).

5 ml/1 cucchiaino di lievito in polvere

Un pizzico di sale

2 uova, leggermente sbattute

Sciogliere il burro o la margarina, quindi incorporare lo zucchero, il ribes, l'uva sultanina, la buccia mista ei datteri. Mescolare il bicarbonato di sodio con un po' d'acqua e incorporare al composto di frutta con l'acqua rimanente. Portare a ebollizione, quindi cuocere a fuoco lento per 20 minuti, mescolando di tanto in tanto. Coprire e lasciare riposare per una notte.

Imburrare e rivestire una tortiera da 23 cm/9 pollici (teglia) e legare un doppio strato di carta oleata (cerata) o marrone per stare sopra la parte superiore della teglia. Mescolare le ciliegie glacé, le noci e il brandy o lo sherry nel composto, quindi incorporare la farina, il lievito e il sale. Mescolare le uova. Versare nella tortiera preparata e cuocere in forno preriscaldato a 160°C/325°F/gas mark 3 per 1 ora. Ridurre la temperatura del forno a 140°C/275°F/gas mark 1 e cuocere per un'altra ora. Ridurre nuovamente la temperatura del forno a 120°C/250°F/gas mark ½ e cuocere per un'altra ora fino a quando uno stecchino inserito al centro risulta pulito. Coprire la parte superiore della torta con un cerchio di carta oleata o marrone verso la fine del tempo di cottura se è troppo dorata. Lasciare raffreddare nello stampo per 30 minuti, quindi capovolgere su una gratella per completare il raffreddamento.

Torta di frutta allo zenzero

Fa una torta da 18 cm/7 pollici

100 g/4 once/½ tazza di burro o margarina, ammorbidito

100 g/4 oz/½ tazza di zucchero semolato (superfino).

2 uova, leggermente sbattute

30 ml/2 cucchiai di latte

225 g/8 oz/2 tazze di farina autolievitante (autolievitante).

5 ml/1 cucchiaino di lievito in polvere

10 ml/2 cucchiaini di spezie miste macinate (torta di mele).

5 ml/1 cucchiaino di zenzero macinato

100 g/4 once/2/3 tazze di uvetta

100 g/4 oz/2/3 tazza di uva sultanina (uvetta dorata)

Sbattere insieme il burro o la margarina e lo zucchero fino a ottenere un composto chiaro e spumoso. Incorporare gradualmente le uova e il latte, quindi incorporare la farina, il lievito e le spezie, quindi la frutta. Versare il composto in una tortiera da 18 cm unta e foderata e cuocere in forno preriscaldato a 160°C/325°F/gas mark 3 per 1 ora e ¼ fino a quando non sarà ben lievitata e dorata.

Torta di frutta al miele della fattoria

Fa una torta da 20 cm/8

175 g/6 once/2/3 tazza di burro o margarina, ammorbidito

175 g/6 oz/½ tazza di miele chiaro

Scorza grattugiata di 1 limone

3 uova, leggermente sbattute

225 g/8 oz/2 tazze di farina integrale (integrale).

10 ml/2 cucchiaini di lievito in polvere

5 ml/1 cucchiaino di spezie miste macinate (torta di mele).

100 g/4 once/2/3 tazze di uvetta

100 g/4 oz/2/3 tazza di uva sultanina (uvetta dorata)

100 g/4 once/2/3 tazze di ribes

50 g/2 oz/1/3 di tazza di albicocche secche pronte da mangiare, tritate

50 g/2 oz/1/3 di tazza di buccia mista tritata (candita).

25 g/1 oz/¼ di tazza di mandorle tritate

25 g/1 oz/¼ di tazza di mandorle

Amalgamare il burro o la margarina, il miele e la scorza di limone fino a ottenere un composto leggero e spumoso. Aggiungere gradualmente le uova, quindi incorporare la farina, il lievito e le spezie miste. Unire la frutta e le mandorle tritate. Versare in una tortiera da 20 cm/8 imburrata e foderata e fare un leggero incavo al centro. Disporre le mandorle attorno al bordo superiore della torta. Cuocere in forno preriscaldato a 160°C/325°F/gas mark 3 per 2-2½ ore fino a quando uno stecchino inserito al centro risulta pulito. Coprire la parte superiore della torta con carta oleata (cerata) verso la fine del tempo di cottura se è troppo dorata.

Lasciare raffreddare nello stampo per 10 minuti prima di capovolgere su una gratella per completare il raffreddamento.

Torta Genova

Fa una torta da 23 cm/9 pollici

225 g/8 once/1 tazza di burro o margarina, ammorbidito

100 g/4 oz/½ tazza di zucchero semolato (superfino).

4 uova, separate

5 ml/1 cucchiaino di essenza di mandorla (estratto)

5 ml/1 cucchiaino di scorza d'arancia grattugiata

225 g/8 once/11/3 tazze di uvetta, tritata

100 g/4 once/2/3 tazze di ribes, tritato

100 g/4 once/2/3 tazza di uva sultanina (uvetta dorata), tritata

50 g di ciliegie glacé (candite), tritate

50 g/2 oz/1/3 di tazza di buccia mista tritata (candita).

100 g/4 oz/1 tazza di mandorle tritate

25 g/1 oz/¼ di tazza di mandorle

350 g/12 oz/3 tazze di farina normale (per tutti gli usi).

10 ml/2 cucchiaini di lievito in polvere

5 ml/1 cucchiaino di cannella in polvere

Montare a crema il burro o la margarina e lo zucchero, poi sbattere i tuorli d'uovo, l'essenza di mandorle e la scorza d'arancia. Mescolare la frutta e le noci con un po' di farina fino a renderle ricoperte, quindi incorporare cucchiaiate di farina, lievito e cannella alternativamente con cucchiaiate di composto di frutta fino a quando tutto è ben amalgamato. Montare a neve ferma gli albumi, quindi incorporarli al composto. Versare in una tortiera da

23 cm/9 unta e foderata e cuocere in forno preriscaldato a 190°C/375°F/gas mark 5 per 30 minuti, quindi ridurre la temperatura del forno a 160°C/325° F/gas mark 3 per un'altra ora e mezza fino a quando diventa elastico al tatto e uno spiedino inserito al centro risulta pulito. Lasciar raffreddare nello stampo.

Torta alla frutta glassata

Fa una torta da 23 cm/9 pollici

225 g/8 once/1 tazza di burro o margarina, ammorbidito

225 g/8 oz/1 tazza di zucchero semolato (superfino).

4 uova, leggermente sbattute

45 ml/3 cucchiai di brandy

250 g/9 oz/1¼ tazze di farina normale (per tutti gli usi).

2,5 ml/½ cucchiaino di lievito in polvere

Un pizzico di sale

225 g/8 oz/1 tazza di frutta mista glacé (candita) come ciliegie, ananas, arance, fichi, a fette

100 g/4 once/2/3 tazze di uvetta

100 g/4 oz/2/3 tazza di uva sultanina (uvetta dorata)

75 g/3 once/½ tazza di ribes

50 g/2 once/½ tazza di noci miste tritate

Scorza grattugiata di 1 limone

Sbattere insieme il burro o la margarina e lo zucchero fino a ottenere un composto leggero e spumoso. Incorporare gradualmente le uova e il brandy. In una ciotola separata, mescola insieme gli ingredienti rimanenti fino a quando la frutta è ben ricoperta di farina. Unire al composto e amalgamare bene. Versare in una tortiera imburrata da 23 cm e cuocere in forno preriscaldato a 180°C/350°F/gas mark 4 per 30 minuti. Ridurre la temperatura del forno a 150°C/300°F/gas mark 3 e cuocere per altri 50 minuti fino a quando uno stecchino inserito al centro risulta pulito.

Torta alla frutta Guinness

Fa una torta da 23 cm/9 pollici

225 g/8 once/1 tazza di burro o margarina

225 g/8 once/1 tazza di zucchero di canna morbido

300 ml/½ pt/1¼ tazze Guinness o stout

225 g/8 once/11/3 tazze di uvetta

225 g/8 once/11/3 tazze di uva sultanina (uvetta dorata)

225 g/8 once/11/3 tazze di ribes

100 g di buccia mista (candita) tritata

550 g/1¼ lb/5 tazze di farina normale (per tutti gli usi).

2,5 ml/½ cucchiaino di bicarbonato di sodio (bicarbonato di sodio)

5 ml/1 cucchiaino di spezie miste macinate (torta di mele).

2,5 ml/½ cucchiaino di noce moscata grattugiata

3 uova, leggermente sbattute

Portare a ebollizione il burro o la margarina, lo zucchero e la Guinness in un pentolino a fuoco basso, mescolando fino a quando non saranno ben amalgamati. Unire la frutta e la buccia mista, portare a ebollizione, quindi cuocere a fuoco lento per 5 minuti. Togliere dal fuoco e lasciare raffreddare.

Mescolare insieme la farina, il bicarbonato di sodio e le spezie e fare un buco al centro. Aggiungere il composto di frutta fresca e le uova e mescolare fino a quando non saranno ben amalgamati. Versare in una tortiera da 23 cm/9 unta e foderata e cuocere in forno preriscaldato a 160°C/325°F/gas mark 3 per 2 ore fino a quando uno stecchino inserito al centro risulta pulito. Lasciare raffreddare nello stampo per 20 minuti, quindi capovolgere su una gratella per completare il raffreddamento.

Torta Di Carne Macinata

Fa una torta da 20 cm/8

225 g/8 oz/2 tazze di farina autolievitante (autolievitante).

350 g/12 oz/2 tazze di carne macinata

75 g/3 oz/½ tazza di frutta secca mista (miscela per torta di frutta)

3 uova

150 g/5 once/2/3 tazza di margarina morbida

150 g/5 once/2/3 tazza di zucchero di canna morbido

Mescolare tutti gli ingredienti fino a quando non sono ben amalgamati. Trasforma in una tortiera da 20 cm/8 unta e foderata e cuoci in forno preriscaldato a 160°C/325°F/gas mark 3 per 1¾ ore fino a quando non sarà ben lievitata e soda al tatto.

Torta di avena e albicocca

Fa una torta da 20 cm/8

175 g/6 once/¾ tazza di burro o margarina, ammorbidito

50 g/2 once/¼ di tazza di zucchero di canna morbido

30 ml/2 cucchiai di miele chiaro

3 uova sbattute

175 g/6 once/¼ tazze di farina integrale (integrale).

50 g/2 once/½ tazza di farina d'avena

10 ml/2 cucchiaini di lievito in polvere

250 g/9 oz/1½ tazza di frutta secca mista (impasto per torta di frutta)

50 g/2 oz/1/3 di tazza di albicocche secche pronte da mangiare, tritate

Scorza grattugiata e succo di 1 limone

Sbattere il burro o la margarina e lo zucchero con il miele fino a ottenere un composto chiaro e spumoso. Sbattere gradualmente le uova alternandole con le farine e il lievito. Incorporare la frutta secca e il succo e la scorza di limone. Versare in una tortiera da 20 cm unta e foderata e cuocere in forno preriscaldato a 180°C/350°F/gas mark 4 per 1 ora. Ridurre la temperatura del forno a 160°C/325°F/gas mark 3 e cuocere per altri 30 minuti fino a quando uno stecchino inserito al centro risulta pulito. Coprire la parte superiore con carta da forno se la torta inizia a dorarsi troppo velocemente.

Torta di frutta durante la notte

Fa una torta da 20 cm/8

450 g/1 libbra/4 tazze di farina normale (per tutti gli usi).

225 g/8 once/11/3 tazze di ribes

225 g/8 once/11/3 tazze di uva sultanina (uvetta dorata)

225 g/8 once/1 tazza di zucchero di canna morbido

50 g/2 oz/1/3 di tazza di buccia mista tritata (candita).

175 g/6 once/¾ di tazza di strutto (accorciamento)

15 ml/1 cucchiaio di sciroppo dorato (mais leggero).

10 ml/2 cucchiaini di bicarbonato di sodio (bicarbonato di sodio)

15 ml/1 cucchiaio di latte

300 ml/½ pt/1¼ tazze d'acqua

Mescolare la farina, la frutta, lo zucchero e la buccia. Sciogliere lo strutto e lo sciroppo e incorporarli al composto. Sciogliere il bicarbonato di sodio nel latte e incorporare al composto della torta con l'acqua. Versare in una tortiera imburrata da 20 cm/8 pollici, coprire e lasciare riposare per una notte.

Cuocere la torta in forno preriscaldato a 160°C/375°F/gas mark 3 per 1¾ ore fino a quando uno stecchino inserito al centro risulta pulito.

Torta di uvetta e spezie

Fa una pagnotta da 900 g/2 libbre

225 g/8 once/1 tazza di zucchero di canna morbido

300 ml/½ pt/1¼ tazze d'acqua

100 g/4 once/½ tazza di burro o margarina

15 ml/1 cucchiaio di melassa nera (melassa)

175 g/6 once/1 tazza di uvetta

5 ml/1 cucchiaino di cannella in polvere

2. 5 ml/½ cucchiaino di noce moscata grattugiata

2,5 ml/½ cucchiaino di pimento

225 g/8 once/2 tazze di farina normale (per tutti gli usi).

5 ml/1 cucchiaino di lievito in polvere

5 ml/1 cucchiaino di bicarbonato di sodio (bicarbonato di sodio)

Sciogliere lo zucchero, l'acqua, il burro o la margarina, la melassa, l'uvetta e le spezie in un pentolino a fuoco medio, mescolando continuamente. Portare a ebollizione e cuocere a fuoco lento per 5 minuti. Togliere dal fuoco e sbattere gli ingredienti rimanenti. Versare il composto in una teglia (teglia) da 900 g/2 lb imburrata e foderata e cuocere in forno preriscaldato a 180°C/350°F/gas mark 4 per 50 minuti fino a quando uno stecchino inserito al centro risulta pulito.

Torta Richmond

Fa una torta da 15 cm/6 pollici

225 g/8 once/2 tazze di farina normale (per tutti gli usi).

Un pizzico di sale

75 g/3 once/1/3 di tazza di burro o margarina

100 g/4 oz/½ tazza di zucchero semolato (superfino).

2,5 ml/½ cucchiaino di lievito in polvere

100 g/4 once/2/3 tazze di ribes

2 uova sbattute

Un po' di latte

Mettere la farina e il sale in una ciotola e strofinare il burro o la margarina fino a quando il composto non assomiglia al pangrattato. Mescolare lo zucchero, il lievito e il ribes. Aggiungere le uova e il latte quanto basta per ottenere una pastella compatta. Trasforma in una tortiera imburrata e foderata di 15 cm/6. Cuocere in forno preriscaldato a 190°C/375°F/gas mark 5 per circa 45 minuti fino a quando uno stecchino inserito al centro risulta pulito. Lasciar raffreddare su una gratella.

Torta allo zafferano

Per due torte da 450 g/1 libbra

2,5 ml/½ cucchiaino di zafferano in fili

Acqua calda

15 g/½ oz di lievito fresco o 20 ml/ 4 cucchiaini di lievito secco

900 g/2 lb/8 tazze di farina normale (per tutti gli usi).

225 g/8 oz/1 tazza di zucchero semolato (superfino).

2,5 ml/½ cucchiaino di spezie miste macinate (torta di mele).

Un pizzico di sale

100 g/4 oz/½ tazza di strutto (accorciamento)

100 g/4 once/½ tazza di burro o margarina

300 ml/½ pt/1¼ tazze di latte caldo

350 g/12 oz/2 tazze di frutta secca mista (miscela per torta di frutta)

50 g di buccia mista (candita) tritata

Tritare i fili di zafferano e immergerli in 45 ml/3 cucchiai di acqua tiepida durante la notte.

Mescolare il lievito con 30 ml/2 cucchiai di farina, 5 ml/1 cucchiaino di zucchero e 75 ml/5 cucchiai di acqua tiepida e lasciare in un luogo caldo per 20 minuti fino a ottenere un composto spumoso.

Mescolare la farina rimanente e lo zucchero con le spezie e il sale. Strofinare lo strutto e il burro o la margarina fino a quando il composto assomigli al pangrattato, quindi fare un buco al centro. Aggiungere il composto di lievito, lo zafferano e il liquido allo zafferano, il latte tiepido, la frutta e le scorze miste e impastare fino ad ottenere un impasto morbido. Mettere in una ciotola oliata, coprire con pellicola trasparente (pellicola) e lasciare in un luogo caldo per 3 ore.

Formate due pagnotte, mettetele in due stampini unti da 450 g/1 lb e cuocete in forno preriscaldato a 220°C/450°F/gas mark 7 per 40 minuti fino a quando saranno ben lievitati e dorati.

Torta di frutta soda

Per una torta da 450 g/1 libbra

225 g/8 once/2 tazze di farina normale (per tutti gli usi).

1,5 ml/¼ di cucchiaino di sale

Un pizzico di bicarbonato di sodio (bicarbonato di sodio)

50 g/2 once/¼ di tazza di burro o margarina

50 g/2 oz/¼ di tazza di zucchero semolato (superfino).

100 g/4 oz/2/3 tazza di frutta secca mista (miscela per torta di frutta)

150 ml/¼ pt/2/3 tazza di latte acido o latte con 5 ml/1 cucchiaino di succo di limone

5 ml/1 cucchiaino di melassa nera (melassa)

Mescolate in una ciotola la farina, il sale e il bicarbonato di sodio. Strofinare il burro o la margarina fino a quando il composto non assomiglia al pangrattato. Unire lo zucchero e la frutta e mescolare bene. Riscaldare il latte e la melassa fino a quando la melassa si è sciolta, quindi aggiungere agli ingredienti secchi e mescolare fino a ottenere una pastella densa. Versare in una teglia (teglia) unta da 450 g/1 lb e cuocere in forno preriscaldato a 190°C/375°F/gas mark 5 per circa 45 minuti fino a doratura.

Torta veloce alla frutta

Fa una torta da 20 cm/8

450 g/1 lb/22/3 tazze di frutta secca mista (miscela per torta di frutta)

225 g/8 once/1 tazza di zucchero di canna morbido

100 g/4 once/½ tazza di burro o margarina

150 ml/¼ pt/2/3 tazza di acqua

2 uova sbattute

225 g/8 oz/2 tazze di farina autolievitante (autolievitante).

Portare a ebollizione la frutta, lo zucchero, il burro o la margarina e l'acqua, quindi coprire e cuocere a fuoco lento per 15 minuti. Lasciar raffreddare. Sbattere le uova e la farina, quindi versare il composto in una tortiera da 20 cm/8 imburrata e foderata e cuocere in forno preriscaldato a 150°C/300°F/gas mark 3 per 1 ora e mezza fino a doratura e restringimento lontano dai lati della teglia.

Torta di frutta al tè caldo

Fa una torta da 900 g/2 libbre

450 g/1 lb/2½ tazze di frutta secca mista (impasto per torta di frutta)

300 ml/½ pt/1¼ tazze di tè nero caldo

350 g/10 once/1¼ tazze di zucchero di canna morbido

350 g/10 oz/2½ tazze di farina autolievitante (autolievitante).

1 uovo sbattuto

Metti la frutta nel tè caldo e lasciala in ammollo per una notte. Mescolare lo zucchero, la farina e l'uovo e trasformarlo in uno stampo da plumcake imburrato e foderato da 900 g. Cuocere in forno preriscaldato a 160°C/325°F/gas mark 3 per 2 ore fino a quando non saranno ben lievitati e dorati.

Torta di frutta al tè freddo

Fa una torta da 15 cm/6 pollici

100 g/4 once/½ tazza di burro o margarina

225 g/8 oz/11/3 tazze di frutta secca mista (miscela per torta di frutta)

250 ml/8 fl oz/1 tazza di tè nero freddo

225 g/8 oz/2 tazze di farina autolievitante (autolievitante).

100 g/4 oz/½ tazza di zucchero semolato (superfino).

5 ml/1 cucchiaino di bicarbonato di sodio (bicarbonato di sodio)

1 uovo grande

Sciogliere il burro o la margarina in una casseruola, aggiungere la frutta e il tè e portare a ebollizione. Cuocere a fuoco lento per 2 minuti, quindi lasciare raffreddare. Unire gli altri ingredienti e mescolare bene. Versare in una tortiera da 15 cm/6 unta e foderata e cuocere in forno preriscaldato a 160°C/325°F/gas mark 3 per 1¼–1½ ore fino a quando non diventa sodo al tatto. Lasciare raffreddare, quindi servire affettato e spalmato di burro.

Torta alla frutta senza zucchero

Fa una torta da 20 cm/8

4 albicocche secche

60 ml/4 cucchiai di succo d'arancia

250 ml/8 fl oz/1 tazza robusta

100 g/4 oz/2/3 tazza di uva sultanina (uvetta dorata)

100 g/4 once/2/3 tazze di uvetta

50 g/2 once/¼ di tazza di ribes

50 g/2 once/¼ di tazza di burro o margarina

225 g/8 oz/2 tazze di farina autolievitante (autolievitante).

75 g/3 once/¾ di tazza di noci miste tritate

10 ml/2 cucchiaini di spezie miste macinate (torta di mele).

5 ml/1 cucchiaino di caffè istantaneo in polvere

3 uova, leggermente sbattute

15 ml/1 cucchiaio di brandy o whisky

Immergere le albicocche nel succo d'arancia fino a renderle morbide, quindi tritarle. Mettere in una padella con la carne robusta, la frutta secca e il burro o la margarina, portare a ebollizione, quindi cuocere a fuoco lento per 20 minuti. Lasciar raffreddare.

Mescolare la farina, le noci, le spezie e il caffè. Unire la miscela robusta, le uova e il brandy o il whisky. Versare il composto in una tortiera da 20 cm unta e foderata e cuocere in forno preriscaldato a 180°C/350°F/gas mark 4 per 20 minuti. Ridurre la temperatura del forno a 150°C/300°F/gas mark 2 e cuocere per un'altra ora e mezza fino a quando uno stecchino inserito al centro risulta pulito. Coprire la parte superiore con carta oleata (oleata) verso la fine del tempo di cottura se è troppo dorata. Lasciare raffreddare nello stampo per 10 minuti prima di capovolgere su una gratella per completare il raffreddamento.

Piccole Torte Di Frutta

Fa 48

100 g/4 once/½ tazza di burro o margarina, ammorbidito

225 g/8 once/1 tazza di zucchero di canna morbido

2 uova, leggermente sbattute

175 g/6 once/1 tazza di datteri snocciolati (snocciolati), tritati

50 g/2 once/½ tazza di noci miste tritate

15 ml/1 cucchiaio di scorza d'arancia grattugiata

225 g/8 once/2 tazze di farina normale (per tutti gli usi).

5 ml/1 cucchiaino di bicarbonato di sodio (bicarbonato di sodio)

2,5 ml/½ cucchiaino di sale

150 ml/¼ pt/2/3 tazza di latticello

6 ciliegie glacé (candite), a fette

Glassa alla frutta all'arancia

Sbattere il burro o la margarina e lo zucchero fino a ottenere un composto leggero e spumoso. Sbattere le uova poco alla volta. Mescolare i datteri, le noci e la scorza d'arancia. Mescolare insieme la farina, il bicarbonato di sodio e il sale. Aggiungere al composto alternativamente con il latticello e sbattere fino a quando ben combinato. Versare in stampini per muffin (padelle) imburrati di 5 cm/2 e decorare con le ciliegie. Cuocere in forno preriscaldato a 190°C/375°F/gas mark 5 per 20 minuti fino a quando uno stecchino inserito al centro risulta pulito. Trasferire su una griglia di raffreddamento e lasciare fino a quando non è appena tiepido, quindi spennellare con la glassa all'arancia.

Torta di frutta all'aceto

Fa una torta da 23 cm/9 pollici

225 g/8 once/1 tazza di burro o margarina

450 g/1 libbra/4 tazze di farina normale (per tutti gli usi).

225 g/8 once/1 1/3 tazze di uva sultanina (uvetta dorata)

100 g/4 once/2/3 tazze di uvetta

100 g/4 once/2/3 tazze di ribes

225 g/8 once/1 tazza di zucchero di canna morbido

5 ml/1 cucchiaino di bicarbonato di sodio (bicarbonato di sodio)

300 ml/½ pt/1¼ tazze di latte

45 ml/3 cucchiai di aceto di malto

Strofina il burro o la margarina nella farina fino a quando il composto non assomiglia al pangrattato. Mescolare la frutta e lo zucchero e fare un buco al centro. Mescolare il bicarbonato di sodio, il latte e l'aceto: il composto si schiumerà. Mescolare gli ingredienti secchi fino a quando ben miscelati. Versare il composto in una tortiera da 23 cm unta e foderata e cuocere in forno preriscaldato a 200°C/400°F/gas mark 6 per 25 minuti. Abbassare la temperatura del forno a 160°C/325°F/gas mark 3 e cuocere per un'altra ora e mezza fino a quando non diventa dorata e soda al tatto. Lasciare raffreddare nello stampo per 5 minuti, quindi capovolgere su una gratella per completare il raffreddamento.

Torta al whisky della Virginia

Per una torta da 450 g/1 libbra

100 g/4 once/½ tazza di burro o margarina, ammorbidito

50 g/2 oz/¼ di tazza di zucchero semolato (superfino).

3 uova, separate

175 g/6 once/1½ tazze di farina normale (per tutti gli usi).

5 ml/1 cucchiaino di lievito in polvere

Un pizzico di noce moscata grattugiata

Un pizzico di macis macinato

Porta da 120 ml/4 fl oz/½ tazza

30 ml/2 cucchiai di brandy

100 g/4 oz/2/3 tazza di frutta secca mista (miscela per torta di frutta)

120 ml/4 fl oz/½ tazza di whisky

Sbattere insieme il burro e lo zucchero fino a che liscio. Unire i tuorli d'uovo. Mescolare la farina, il lievito e le spezie e incorporare al composto. Mescolare il porto, il brandy e la frutta secca. Montate gli albumi a neve ben ferma, poi incorporateli al composto. Versare in una teglia (teglia) unta da 450 g/1 lb e cuocere in forno preriscaldato a 160°C/325°F/gas mark 3 per 1 ora fino a quando uno stecchino inserito al centro risulta pulito. Lasciar raffreddare nello stampo, quindi versare il whisky sulla torta e lasciare nello stampo per 24 ore prima di tagliare.

Torta di frutta gallese

Fa una torta da 23 cm/9 pollici

50 g/2 once/¼ di tazza di burro o margarina

50 g/2 oz/¼ di tazza di strutto (accorciamento)

225 g/8 once/2 tazze di farina normale (per tutti gli usi).

Un pizzico di sale

10 ml/2 cucchiaini di lievito in polvere

100 g di zucchero demerara

175 g/6 oz/1 tazza di frutta secca mista (miscela per torta di frutta)

Scorza grattugiata e succo di ½ limone

1 uovo, leggermente sbattuto

30 ml/2 cucchiai di latte

Strofinare il burro o la margarina e lo strutto nella farina, nel sale e nel lievito fino a ottenere un composto simile al pangrattato. Mescolare lo zucchero, la frutta e la scorza e il succo di limone, quindi mescolare l'uovo e il latte e impastare fino a ottenere un impasto morbido. Formare in una teglia quadrata da 23 cm/9 in unta e foderata e cuocere in forno preriscaldato a 200°C/400°F/gas mark 6 per 20 minuti fino a quando non saranno lievitati e dorati.

Torta di frutta bianca

Fa una torta da 23 cm/9 pollici

100 g/4 once/½ tazza di burro o margarina, ammorbidito

225 g/8 oz/1 tazza di zucchero semolato (superfino).

5 uova, leggermente sbattute

350 g/12 oz/2 tazze di frutta secca mista

350 g/12 oz/2 tazze di uva sultanina (uvetta dorata)

100 g di datteri snocciolati (snocciolati), tritati

100 g di ciliegie glacé (candite), tritate

100 g di ananas glacé (candito), tritato

100 g/4 once/1 tazza di noci miste tritate

225 g/8 once/2 tazze di farina normale (per tutti gli usi).

10 ml/2 cucchiaini di lievito in polvere

2,5 ml/½ cucchiaino di sale

60 ml/4 cucchiai di succo d'ananas

Sbattere insieme il burro o la margarina e lo zucchero fino a ottenere un composto chiaro e spumoso. Aggiungere gradualmente le uova, sbattendo bene dopo ogni aggiunta. Mescolare tutta la frutta, le noci e un po' di farina fino a quando gli ingredienti sono ben ricoperti di farina. Mescolare il lievito e il sale nella farina rimanente, quindi incorporarla al composto di uova alternativamente con il succo d'ananas fino a ottenere un composto omogeneo. Unire la frutta e mescolare bene. Versare in una tortiera (teglia) da 23 cm unta e foderata e cuocere in forno preriscaldato a 140°C/275°F/gas mark 1 per circa 2 ore e mezza fino a quando uno stecchino inserito al centro risulta pulito. Lasciare raffreddare nello stampo per 10 minuti prima di capovolgere su una gratella per completare il raffreddamento.

Torta di mele

Fa una torta da 20 cm/8

175 g/6 once/1½ tazza di farina autolievitante (autolievitante).

5 ml/1 cucchiaino di lievito in polvere

Un pizzico di sale

150 g/5 once/2/3 tazza di burro o margarina

150 g/5 once/2/3 tazze di zucchero semolato (superfino).

1 uovo sbattuto

175 ml/6 fl oz/¾ di tazza di latte

3 mele da mangiare (da dessert), sbucciate, private del torsolo e affettate

2,5 ml/½ cucchiaino di cannella in polvere

15 ml/1 cucchiaio di miele chiaro

Mescolare la farina, il lievito e il sale. Strofinare il burro o la margarina fino a quando il composto non assomiglia al pangrattato, quindi incorporare lo zucchero. Mescolare l'uovo e il latte. Versare il composto in una tortiera da 20 cm/8 unta e foderata e premere delicatamente le fette di mela nella parte superiore. Cospargere con la cannella e irrorare con il miele. Cuocere in forno preriscaldato a 200°C/400°F/gas mark 6 per 45 minuti fino a doratura e consistenza al tatto.

Torta di mele speziata e croccante

Fa una torta da 20 cm/8

75 g/3 once/1/3 di tazza di burro o margarina

175 g/6 once/1½ tazza di farina autolievitante (autolievitante).

50 g/2 oz/¼ di tazza di zucchero semolato (superfino).

1 uovo

75 ml/5 cucchiai di acqua

3 mele da mangiare (da dessert), sbucciate, private del torsolo e tagliate a spicchi

Per la farcitura:

75 g/3 once/1/3 di tazza di zucchero demerara

10 ml/2 cucchiaini di cannella in polvere

25 g/1 oz/2 cucchiai di burro o margarina

Strofina il burro o la margarina nella farina fino a quando il composto non assomiglia al pangrattato. Mescolare lo zucchero, quindi mescolare l'uovo e l'acqua per ottenere un impasto morbido. Aggiungete ancora un po' d'acqua se il composto risulta troppo asciutto. Stendere l'impasto in una tortiera da 20 cm/8 pollici e premere le mele nell'impasto. Cospargere con lo zucchero demerara e la cannella e cospargere con il burro o la margarina. Cuocere in forno preriscaldato a 180°C/350°F/gas mark 4 per 30 minuti fino a doratura e consistenza al tatto.

Torta di mele americana

Fa una torta da 20 cm/8

50 g/2 once/¼ di tazza di burro o margarina, ammorbiditi

225 g/8 once/1 tazza di zucchero di canna morbido

1 uovo, leggermente sbattuto

5 ml/1 cucchiaino di essenza di vaniglia (estratto)

100 g/4 once/1 tazza di farina normale (per tutti gli usi).

2,5 ml/½ cucchiaino di lievito in polvere

2,5 ml/½ cucchiaino di bicarbonato di sodio (bicarbonato di sodio)

2,5 ml/½ cucchiaino di sale

2,5 ml/½ cucchiaino di cannella in polvere

2,5 ml/½ cucchiaino di noce moscata grattugiata

450 g/1 lb mangiando mele (dessert), sbucciate, private del torsolo e tagliate a cubetti

25 g/1 oz/¼ di tazza di mandorle, tritate

Sbattere il burro o la margarina e lo zucchero fino a ottenere un composto chiaro e spumoso. A poco a poco sbattere l'uovo e l'essenza di vaniglia. Mescolare insieme la farina, il lievito, il bicarbonato di sodio, il sale e le spezie e sbattere nel composto fino a quando non si saranno amalgamati. Mescolare le mele e le noci. Versare in una teglia quadrata da 20 cm/8 in unta e foderata e cuocere in forno preriscaldato a 180°C/350°F/gas mark 4 per 45 minuti fino a quando uno stecchino inserito al centro risulta pulito.

Torta di purea di mele

Fa una torta da 900 g/2 libbre

100 g/4 once/½ tazza di burro o margarina, ammorbidito

225 g/8 once/1 tazza di zucchero di canna morbido

2 uova, leggermente sbattute

225 g/8 once/2 tazze di farina normale (per tutti gli usi).

5 ml/1 cucchiaino di cannella in polvere

2,5 ml/½ cucchiaino di noce moscata grattugiata

100 g/4 oz/1 tazza di purea di mele (salsa)

5 ml/1 cucchiaino di bicarbonato di sodio (bicarbonato di sodio)

30 ml/2 cucchiai di acqua calda

Sbattere insieme il burro o la margarina e lo zucchero fino a ottenere un composto chiaro e spumoso. Incorporare gradualmente le uova. Mescolare la farina, la cannella, la noce moscata e la purea di mele. Mescolare il bicarbonato di sodio con l'acqua calda e mescolarlo nella miscela. Versare in una teglia (teglia) unta da 900 g/2 lb e cuocere in forno preriscaldato a 180°C/350°F/gas mark 4 per 1¼ ore fino a quando uno stecchino inserito al centro risulta pulito.

Torta di mele al sidro

Fa una torta da 20 cm/8

100 g/4 once/½ tazza di burro o margarina, ammorbidito

150 g/5 once/2/3 tazze di zucchero semolato (superfino).

3 uova

225 g/8 oz/2 tazze di farina autolievitante (autolievitante).

5 ml/1 cucchiaino di spezie miste macinate (torta di mele).

5 ml/1 cucchiaino di bicarbonato di sodio (bicarbonato di sodio)

5 ml/1 cucchiaino di lievito in polvere

150 ml/¼ pt/2/3 tazza di sidro secco

2 mele cotte (crostate), sbucciate, private del torsolo e affettate

75 g/3 once/1/3 di tazza di zucchero demerara

100 g/4 once/1 tazza di noci miste tritate

Mescolare il burro o la margarina, lo zucchero, le uova, la farina, le spezie, il bicarbonato di sodio, il lievito e 120 ml/4 fl oz/½ tazza di sidro fino a ottenere un composto omogeneo, aggiungendo il sidro rimanente se necessario per creare una pastella liscia. Versare metà del composto in una tortiera da 20 cm unta e foderata e ricoprire con metà delle fettine di mela. Mescolare lo zucchero e le noci e distribuirne metà sulle mele. Versare il restante composto di torta e guarnire con le mele rimanenti e il resto del composto di zucchero e noci. Cuocere in forno preriscaldato a 180°C/350°F/gas mark 4 per 1 ora fino a doratura e consistenza al tatto.

Torta di mele e cannella

Fa una torta da 23 cm/9 pollici

100 g/4 once/½ tazza di burro o margarina

100 g/4 oz/½ tazza di zucchero semolato (superfino).

1 uovo, leggermente sbattuto

100 g/4 once/1 tazza di farina normale (per tutti gli usi).

5 ml/1 cucchiaino di lievito in polvere

30 ml/2 cucchiai di latte (facoltativo)

2 mele grandi da cuocere (crostate), sbucciate, private del torsolo e affettate

30 ml/2 cucchiai di zucchero semolato (superfino).

5 ml/1 cucchiaino di cannella in polvere

25 g/1 oz/¼ di tazza di mandorle, tritate

30 ml/2 cucchiai di zucchero demerara

Sbattere insieme il burro o la margarina e lo zucchero fino a ottenere un composto chiaro e spumoso. A poco a poco sbattere l'uovo, quindi incorporare la farina e il lievito. La miscela dovrebbe essere abbastanza dura; se è troppo duro, aggiungi un po 'di latte. Versare metà del composto in una tortiera da 23 cm/9 imburrata e foderata in una tortiera a fondo mobile. Disponete sopra le fettine di mela. Mescolare lo zucchero e la cannella e cospargere con le mandorle sopra le mele. Coprire con il restante composto per torte e cospargere con lo zucchero demerara. Cuocere in forno preriscaldato a 180°C/350°F/gas mark 4 per 30–35 minuti fino a quando uno stecchino inserito al centro risulta pulito.

Torta di mele spagnola

Fa una torta da 23 cm/9 pollici

175 g/6 once/¾ di tazza di burro o margarina

6 mele da mangiare (da dessert) di Cox, sbucciate, private del torsolo e tagliate a spicchi

30 ml/2 cucchiai di brandy di mele

175 g/6 once/¾ di tazza di zucchero semolato (superfino).

150 g/5 once/1¼ tazze di farina semplice (per tutti gli usi).

10 ml/2 cucchiaini di lievito in polvere

5 ml/1 cucchiaino di cannella in polvere

3 uova, leggermente sbattute

45 ml/3 cucchiai di latte

Per la glassa:

60 ml/4 cucchiai di marmellata di albicocche (conserve), setacciata (colata)

15 ml/1 cucchiaio di brandy di mele

5 ml/1 cucchiaino di farina di mais (amido di mais)

10 ml/2 cucchiaini di acqua

Sciogli il burro o la margarina in una padella capiente (padella) e friggi i pezzi di mela a fuoco basso per 10 minuti, mescolando una volta per ricoprire il burro. Togliere dal fuoco. Tritate un terzo delle mele e aggiungete il brandy di mele, poi mescolate lo zucchero, la farina, il lievito e la cannella. Aggiungere le uova e il latte e versare il composto in una tortiera da 23 cm/9 imburrata e infarinata. Disporre sopra le restanti fette di mela. Cuocere in forno preriscaldato a 180°C/350°F/gas mark 4 per 45 minuti fino a quando non è ben lievitato e dorato, e inizia a restringersi dai lati della teglia.

Per fare la glassa scaldate insieme la marmellata e il brandy. Mescolare la farina di mais in una pasta con l'acqua e incorporare la marmellata e il brandy. Cuocere per alcuni minuti, mescolando, fino a quando diventa trasparente. Spennellate la torta calda e lasciate raffreddare per 30 minuti. Rimuovere i lati della tortiera, scaldare nuovamente la glassa e spennellare una seconda volta. Lasciar raffreddare.

Torta di mele e uva sultanina

Fa una torta da 20 cm/8

350 g/12 oz/3 tazze di farina autolievitante (autolievitante).

Un pizzico di sale

2,5 ml/½ cucchiaino di cannella in polvere

225 g/8 once/1 tazza di burro o margarina

175 g/6 once/¾ di tazza di zucchero semolato (superfino).

100 g/4 oz/2/3 tazza di uva sultanina (uvetta dorata)

450 g/1 lb di mele cotte (crostate), sbucciate, private del torsolo e tritate finemente

2 uova

Un po' di latte

Mescolare insieme la farina, il sale e la cannella, quindi strofinare il burro o la margarina fino a quando il composto non assomiglia al pangrattato. Mescolare lo zucchero. Fare un buco al centro e aggiungere l'uva sultanina, le mele e le uova e mescolare bene, aggiungendo un po' di latte per ottenere un composto denso. Versare in una tortiera imburrata da 20 cm/8 e cuocere in forno preriscaldato a 180°C/350°F/gas mark 4 per circa 1½–2 ore fino a quando non si solidifica al tatto. Servire caldo o freddo.

Torta rovesciata di mele

Fa una torta da 23 cm/9 pollici

2 mele da mangiare (da dessert), sbucciate, private del torsolo e affettate sottilmente

75 g/3 once/1/3 di tazza di zucchero di canna morbido

45 ml/3 cucchiai di uvetta

30 ml/2 cucchiai di succo di limone

Per la torta:

200 g/7 oz/1¾ tazze di farina semplice (per tutti gli usi).

50 g/2 oz/¼ di tazza di zucchero semolato (superfino).

10 ml/2 cucchiaini di lievito in polvere

5 ml/1 cucchiaino di bicarbonato di sodio (bicarbonato di sodio)

5 ml/1 cucchiaino di cannella in polvere

Un pizzico di sale

120 ml/4 fl oz/½ tazza di latte

50 g/2 oz/½ tazza di purea di mele (salsa)

75 ml/5 cucchiai di olio

1 uovo, leggermente sbattuto

5 ml/1 cucchiaino di essenza di vaniglia (estratto)

Mescolare insieme le mele, lo zucchero, l'uvetta e il succo di limone e disporre sulla base di una tortiera da 23 cm/9 imburrata. Mescolare gli ingredienti secchi della torta e fare un buco al centro. Mescolare insieme il latte, la salsa di mele, l'olio, l'uovo e l'essenza di vaniglia e incorporare gli ingredienti secchi fino a quando non si saranno amalgamati. Versare nella tortiera e cuocere in forno preriscaldato a 180°C/350°F/gas mark 4 per 40 minuti fino a quando la torta è dorata e si restringe dai lati della tortiera.

Lasciare raffreddare nello stampo per 10 minuti, quindi capovolgere con cura su un piatto. Servire caldo o freddo.

Torta di albicocche

Fa una pagnotta da 900 g/2 libbre

225 g/8 once/1 tazza di burro o margarina, ammorbidito

225 g/8 oz/1 tazza di zucchero semolato (superfino).

2 uova, ben sbattute

6 albicocche mature, snocciolate (snocciolate), sbucciate e schiacciate

300 g/11 oz/2¾ tazze di farina normale (per tutti gli usi).

5 ml/1 cucchiaino di bicarbonato di sodio (bicarbonato di sodio)

Un pizzico di sale

75 g di mandorle, tritate

Montare a crema il burro o la margarina e lo zucchero. Sbattere gradualmente le uova, quindi incorporare le albicocche. Sbattere la farina, il bicarbonato di sodio e il sale. Mescolare le noci. Versare in una teglia (teglia) unta e infarinata da 900 g/2 lb e cuocere in forno preriscaldato a 180°C/350°F/gas mark 4 per 1 ora fino a quando uno stecchino inserito al centro risulta pulito. Lasciar raffreddare nello stampo prima di sformare.

Torta di albicocche e zenzero

Fa una torta da 18 cm/7 pollici

100 g/4 oz/1 tazza di farina autolievitante (autolievitante).

100 g/4 once/½ tazza di zucchero di canna morbido

10 ml/2 cucchiaini di zenzero macinato

100 g/4 once/½ tazza di burro o margarina, ammorbidito

2 uova, leggermente sbattute

100 g/4 once/2/3 tazza di albicocche secche pronte da mangiare, tritate

50 g/2 oz/1/3 di tazza di uvetta

Sbattere insieme la farina, lo zucchero, lo zenzero, il burro o la margarina e le uova fino a ottenere un composto morbido. Mescolare le albicocche e l'uvetta. Versare il composto in una tortiera da 18 cm/7 unta e foderata e cuocere in forno preriscaldato a 180°C/350°F/gas mark 4 per 30 minuti fino a quando uno stecchino inserito al centro risulta pulito.

Torta di albicocche brillo

Fa una torta da 20 cm/8

120 ml/4 fl oz/½ tazza di brandy o rum

120 ml/4 fl oz/½ tazza di succo d'arancia

225 g/8 once/11/3 tazze di albicocche secche pronte al consumo, tritate

100 g/4 oz/2/3 tazza di uva sultanina (uvetta dorata)

175 g/6 once/¾ tazza di burro o margarina, ammorbidito

45 ml/3 cucchiai di miele chiaro

4 uova, separate

175 g/6 once/1½ tazza di farina autolievitante (autolievitante).

10 ml/2 cucchiaini di lievito in polvere

Portare a ebollizione il brandy o il rum e il succo d'arancia con le albicocche e l'uva sultanina. Mescolare bene, quindi togliere dal fuoco e lasciare riposare finché non si raffredda. Montare a crema il burro o la margarina e il miele, quindi incorporare gradualmente i tuorli d'uovo. Piegare la farina e il lievito. Montare a neve ferma gli albumi, quindi incorporarli delicatamente al composto. Versare in una tortiera da 20 cm/8 unta e foderata e cuocere in forno preriscaldato a 180°C/350°F/gas mark 4 per 1 ora fino a quando uno stecchino inserito al centro risulta pulito. Lasciar raffreddare nello stampo.

torta alla banana

Fa una torta di 23 x 33 cm/9 x 13 pollici

4 banane mature, schiacciate

2 uova, leggermente sbattute

350 g/12 oz/1½ tazze di zucchero semolato (superfino).

120 ml/4 fl oz/½ tazza di olio

5 ml/1 cucchiaino di essenza di vaniglia (estratto)

50 g/2 once/½ tazza di noci miste tritate

225 g/8 once/2 tazze di farina normale (per tutti gli usi).

10 ml/2 cucchiaini di bicarbonato di sodio (bicarbonato di sodio)

5 ml/1 cucchiaino di sale

Montare a crema le banane, le uova, lo zucchero, l'olio e la vanillina. Aggiungere gli altri ingredienti e mescolare fino a quando non si saranno appena amalgamati. Versare in una tortiera da 23 x 33 cm/9 x 13 pollici (teglia) e cuocere in forno preriscaldato a 180°C/350°F/gas mark 4 per 45 minuti fino a quando uno stecchino inserito al centro risulta pulito.

Torta croccante alla banana

Fa una torta da 23 cm/9 pollici

100 g/4 once/½ tazza di burro o margarina, ammorbidito

300 g/11 oz/11/3 tazze di zucchero semolato (superfino).

2 uova, leggermente sbattute

175 g/6 once/1½ tazze di farina normale (per tutti gli usi).

2,5 ml/½ cucchiaino di sale

1,5 ml/½ cucchiaino di noce moscata grattugiata

5 ml/1 cucchiaino di bicarbonato di sodio (bicarbonato di sodio)

75 ml/5 cucchiai di latte

Qualche goccia di essenza di vaniglia (estratto)

4 banane, schiacciate

Per la farcitura:

50 g di zucchero demerara

50 g/2 oz/2 tazze di cornflakes, tritati

2,5 ml/½ cucchiaino di cannella in polvere

25 g/1 oz/2 cucchiai di burro o margarina

Sbattere insieme il burro o la margarina e lo zucchero fino a ottenere un composto chiaro e spumoso. A poco a poco sbattere le uova, quindi incorporare la farina, il sale e la noce moscata. Mescolare il bicarbonato di sodio nel latte e l'essenza di vaniglia e mescolare nel composto con le banane. Versare in una tortiera quadrata da 23 cm/9 in una tortiera quadrata imburrata e foderata.

Per fare la guarnizione, mescolare insieme lo zucchero, i fiocchi di mais e la cannella e strofinare nel burro o nella margarina.

Cospargi la torta e cuoci in forno preriscaldato a 180°C/350°F/gas mark 4 per 45 minuti fino a quando non diventa soda al tatto.

Spugna di banana

Fa una torta da 23 cm/9 pollici

100 g/4 once/½ tazza di burro o margarina, ammorbidito

100 g/4 oz/½ tazza di zucchero semolato (superfino).

2 uova sbattute

2 grandi banane mature, schiacciate

225 g/8 oz/1 tazza di farina autolievitante (autolievitante).

45 ml/3 cucchiai di latte

Per il ripieno e la farcitura:

225 g/8 once/1 tazza di formaggio cremoso

30 ml/2 cucchiai di panna acida (acida da latte).

100 g/4 once di chips di banane essiccate

Sbattere insieme il burro o la margarina e lo zucchero fino a ottenere un composto chiaro e spumoso. Aggiungere gradualmente le uova, quindi incorporare le banane e la farina. Mescolare il latte fino a quando il composto non ha una consistenza gocciolante. Versare in una tortiera da 23 cm unta e foderata e cuocere in forno preriscaldato a 180°C/350°F/gas mark 4 per circa 30 minuti fino a quando uno stecchino inserito al centro risulta pulito. Sformare su una gratella e lasciar raffreddare, quindi tagliare a metà orizzontalmente.

Per fare la copertura, sbattere insieme la crema di formaggio e la panna acida e utilizzare metà del composto per unire le due metà della torta. Distribuire sopra il composto rimanente e decorare con le chips di banana.

Torta alla banana ad alto contenuto di fibre

Fa una torta da 18 cm/7 pollici

100 g/4 once/½ tazza di burro o margarina, ammorbidito

50 g/2 once/¼ di tazza di zucchero di canna morbido

2 uova, leggermente sbattute

100 g/4 oz/1 tazza di farina integrale (integrale).

10 ml/2 cucchiaini di lievito in polvere

2 banane, schiacciate

Per il ripieno:

225 g/8 once/1 tazza di ricotta (ricotta liscia).

5 ml/1 cucchiaino di succo di limone

15 ml/1 cucchiaio di miele chiaro

1 banana, affettata

Zucchero a velo (da pasticceria), setacciato, per spolverare

Sbattere insieme il burro o la margarina e lo zucchero fino a ottenere un composto leggero e spumoso. Sbattere gradualmente le uova, quindi incorporare la farina e il lievito. Incorporare delicatamente le banane. Versare il composto in due tortiere da 18 cm/7 unte e rivestite e cuocere in forno preriscaldato per 30 minuti fino a quando non diventa sodo al tatto. Lasciar raffreddare.

Per fare il ripieno, sbattere insieme la crema di formaggio, il succo di limone e il miele e spalmare su una delle torte. Disporre le fette di banana sopra, quindi coprire con la seconda torta. Servire spolverato di zucchero a velo.

Torta banana e limone

Fa una torta da 18 cm/7 pollici

100 g/4 once/½ tazza di burro o margarina, ammorbidito

175 g/6 once/¾ di tazza di zucchero semolato (superfino).

2 uova, leggermente sbattute

225 g/8 oz/2 tazze di farina autolievitante (autolievitante).

2 banane, schiacciate

Per il ripieno e la farcitura:

75 ml/5 cucchiai di cagliata di limone

2 banane, a fette

45 ml/3 cucchiai di succo di limone

100 g di zucchero a velo (da pasticcere), setacciato

Sbattere insieme il burro o la margarina e lo zucchero fino a ottenere un composto chiaro e spumoso. Sbattere gradualmente le uova, sbattendo bene dopo ogni aggiunta, quindi incorporare la farina e le banane. Versare il composto in due stampini da sandwich da 18 cm unti e rivestiti e cuocere in forno preriscaldato a 180°C/350°F/gas mark 4 per 30 minuti. Sformare e lasciare raffreddare.

Unire le torte insieme alla cagliata di limone e metà delle fette di banana. Cospargi le restanti fette di banana con 15 ml/1 cucchiaio di succo di limone. Mescolare il restante succo di limone con lo zucchero a velo per ottenere una glassa rigida (glassa). Stendere la glassa sulla torta e decorare con le fettine di banana.

Torta al cioccolato alla banana frullatore

Fa una torta da 20 cm/8

225 g/8 oz/2 tazze di farina autolievitante (autolievitante).

2,5 ml/½ cucchiaino di lievito in polvere

40 g/1½ oz/3 cucchiai di cioccolato da bere in polvere

2 uova

60 ml/4 cucchiai di latte

150 g/5 once/2/3 tazze di zucchero semolato (superfino).

100 g/4 once/½ tazza di margarina morbida

2 banane mature, tritate

Mescolare insieme la farina, il lievito e il cioccolato da bere. Frullare gli ingredienti rimanenti in un frullatore o in un robot da cucina per circa 20 secondi: il composto sembrerà cagliato. Versare negli ingredienti secchi e mescolare bene. Formare una tortiera da 20 cm unta e foderata e cuocere in forno preriscaldato a 180°C/350°F/gas mark 4 per circa 1 ora fino a quando uno stecchino inserito al centro risulta pulito. Sformare su una gratella per raffreddare.

Torta banana e arachidi

Fa una torta da 900 g/2 libbre

275 g/10 once/2½ tazze di farina normale (per tutti gli usi).

225 g/8 oz/1 tazza di zucchero semolato (superfino).

100 g/4 once/1 tazza di arachidi, tritate finemente

15 ml/1 cucchiaio di lievito in polvere

Un pizzico di sale

2 uova, separate

6 banane, schiacciate

Scorza grattugiata e succo di 1 limone piccolo

50 g/2 once/¼ di tazza di burro o margarina, sciolti

Mescolare la farina, lo zucchero, le noci, il lievito e il sale. Sbattere i tuorli e mescolarli al composto con le banane, la scorza e il succo di limone e il burro o la margarina. Montare a neve ferma gli albumi, poi incorporarli al composto. Versare in una teglia (teglia) unta da 900 g/2 lb e cuocere in forno preriscaldato a 180°C/350°F/gas mark 4 per 1 ora fino a quando uno stecchino inserito al centro risulta pulito.

Torta all-in-one banana e uvetta

Fa una torta da 900 g/2 libbre

450 g/1 libbra di banane mature, schiacciate

50 g/2 once/½ tazza di noci miste tritate

120 ml/4 fl oz/½ tazza di olio di semi di girasole

100 g/4 once/2/3 tazze di uvetta

75 g/3 once/¾ tazza di fiocchi d'avena

150 g/5 once/1¼ tazze di farina integrale (integrale).

1,5 ml/¼ di cucchiaino di essenza di mandorla (estratto)

Un pizzico di sale

Mescolare insieme tutti gli ingredienti fino a ottenere un composto morbido e umido. Versare in una teglia (teglia) da 900 g/2 lb unta e foderata e cuocere in forno preriscaldato a 190°C/375°F/gas mark 5 per 1 ora fino a doratura e uno stecchino inserito al centro risulta pulito . Raffreddare nello stampo per 10 minuti prima di sformare.

Torta banana e whisky

Fa una torta da 25 cm/10 pollici

225 g/8 once/1 tazza di burro o margarina, ammorbidito

450 g/1 lb/2 tazze di zucchero di canna morbido

3 banane mature, schiacciate

4 uova, leggermente sbattute

175 g di noci pecan, tritate grossolanamente

225 g/8 once/11/3 tazze di uva sultanina (uvetta dorata)

350 g/12 oz/3 tazze di farina normale (per tutti gli usi).

15 ml/1 cucchiaio di lievito in polvere

5 ml/1 cucchiaino di cannella in polvere

2,5 ml/½ cucchiaino di zenzero macinato

2,5 ml/½ cucchiaino di noce moscata grattugiata

150 ml/¼ di pinta/2/3 tazze di whisky

Sbattere insieme il burro o la margarina e lo zucchero fino a ottenere un composto leggero e spumoso. Mescolare le banane, quindi sbattere gradualmente le uova. Mescolare le noci e l'uva sultanina con un cucchiaio abbondante di farina, quindi, in una ciotola a parte, mescolare la farina rimanente con il lievito e le spezie. Mescolare la farina nella miscela cremosa alternativamente con il whisky. Incorporare le noci e l'uva sultanina. Versare il composto in una tortiera da 25 cm/10 non unta (teglia) e cuocere in forno preriscaldato a 180°C/350°F/gas mark 4 per 1¼ ore fino a quando diventa elastico al tatto. Lasciare raffreddare nello stampo per 10 minuti prima di capovolgere su una gratella per completare il raffreddamento.

Torta Di Mirtilli

Fa una torta da 23 cm/9 pollici

175 g/6 once/¾ di tazza di zucchero semolato (superfino).

60 ml/4 cucchiai di olio

1 uovo, leggermente sbattuto

120 ml/4 fl oz/½ tazza di latte

225 g/8 once/2 tazze di farina normale (per tutti gli usi).

10 ml/2 cucchiaini di lievito in polvere

2,5 ml/½ cucchiaino di sale

225 g/8 once di mirtilli

Per la farcitura:

50 g/2 once/¼ di tazza di burro o margarina, sciolti

100 g/4 once/½ tazza di zucchero semolato

50 g/2 once/¼ di tazza di farina normale (per tutti gli usi).

2,5 ml/½ cucchiaino di cannella in polvere

Sbattere insieme lo zucchero, l'olio e l'uovo fino a quando non saranno ben amalgamati e pallidi. Mescolare il latte, quindi mescolare la farina, il lievito e il sale. Incorpora i mirtilli. Versare il composto in una tortiera da 23 cm/9 imburrata e infarinata. Mescolare gli ingredienti per la farcitura e cospargere con il composto. Cuocere in forno preriscaldato a 190°C/375°F/gas mark 5 per 50 minuti fino a quando uno stecchino inserito al centro risulta pulito. Servire caldo.

Torta Di Ciottoli Di Ciliegia

Fa una torta da 900 g/2 libbre

175 g/6 once/¾ tazza di burro o margarina, ammorbidito

175 g/6 once/¾ di tazza di zucchero semolato (superfino).

3 uova sbattute

225 g/8 once/2 tazze di farina normale (per tutti gli usi).

2,5 ml/½ cucchiaino di lievito in polvere

100 g/4 oz/2/3 tazza di uva sultanina (uvetta dorata)

150 g/5 oz/2/3 tazza di ciliegie glacé (candite), tagliate in quarti

225 g/8 oz di ciliegie fresche, snocciolate (snocciolate) e tagliate a metà

30 ml/2 cucchiai di marmellata di albicocche (conserve)

Sbattere il burro o la margarina fino a renderli morbidi, quindi sbattere lo zucchero. Mescolare le uova, poi la farina, il lievito, l'uva sultanina e le ciliegie glacé. Versare in uno stampo da plumcake imburrato da 900 g/2 libbre e cuocere in forno preriscaldato a 160°C/325°F/gas mark 3 per 2 ore e mezza. Lasciare nella teglia per 5 minuti, quindi capovolgere su una gratella per completare il raffreddamento.

Disporre le ciliegie in fila sopra la torta. Portare a ebollizione la marmellata di albicocche in un pentolino, quindi setacciarla (colarla) e spennellarla sopra la torta per glassarla.

Torta di ciliegie e cocco

Fa una torta da 20 cm/8

350 g/12 oz/3 tazze di farina autolievitante (autolievitante).

175 g/6 once/¾ di tazza di burro o margarina

225 g/8 oz/1 tazza di ciliegie glacé (candite), tagliate in quarti

100 g/4 once/1 tazza di cocco essiccato (triturato).

175 g/6 once/¾ di tazza di zucchero semolato (superfino).

2 uova grandi, leggermente sbattute

200 ml/7 fl oz/1 tazza scarsa di latte

Mettere la farina in una ciotola e strofinare il burro o la margarina fino a quando il composto non assomiglia al pangrattato. Passare le ciliegie nel cocco, quindi unirle al composto con lo zucchero e mescolare leggermente. Aggiungere le uova e la maggior parte del latte. Sbattere bene, aggiungendo altro latte se necessario per dare una consistenza morbida e gocciolante. Trasformare in una tortiera imburrata e foderata di 20 cm/8. Cuocere in forno preriscaldato a 180°C/350°F/gas mark 4 per 1 ora e mezza fino a quando uno stecchino inserito al centro risulta pulito.

Torta di ciliegie e uva sultanina

Fa una torta da 900 g/2 libbre

100 g/4 once/½ tazza di burro o margarina, ammorbidito

100 g/4 oz/½ tazza di zucchero semolato (superfino).

3 uova, leggermente sbattute

100 g di ciliegie glacé (candite).

350 g/12 oz/2 tazze di uva sultanina (uvetta dorata)

175 g/6 once/1½ tazze di farina normale (per tutti gli usi).

Un pizzico di sale

Sbattere insieme il burro o la margarina e lo zucchero fino a ottenere un composto chiaro e spumoso. Aggiungere gradualmente le uova. Mescolare le ciliegie e l'uva sultanina in un po' di farina per ricoprire, quindi incorporare la farina rimanente nel composto con il sale. Mescolare le ciliegie e l'uva sultanina. Versare il composto in una teglia (teglia) da 900 g/2 lb imburrata e foderata e cuocere in forno preriscaldato a 160°C/325°F/gas mark 3 per 1 ora e mezza fino a quando uno stecchino inserito al centro risulta pulito.

Torta glassata di ciliegie e noci

Fa una torta da 18 cm/7 pollici

100 g/4 once/½ tazza di burro o margarina, ammorbidito

100 g/4 oz/½ tazza di zucchero semolato (superfino).

2 uova, leggermente sbattute

15 ml/1 cucchiaio di miele chiaro

150 g/5 once/1¼ tazze di farina autolievitante (autolievitante).

5 ml/1 cucchiaino di lievito in polvere

Un pizzico di sale

Per la decorazione:

225 g/8 once/11/3 tazze di zucchero a velo (da pasticcere), setacciato

30 ml/2 cucchiai di acqua

Qualche goccia di colorante alimentare rosso

4 ciliegie glacé (candite), tagliate a metà

4 metà di noce

Sbattere insieme il burro o la margarina e lo zucchero fino a ottenere un composto leggero e spumoso. A poco a poco sbattere le uova e il miele, quindi incorporare la farina, il lievito e il sale. Versare il composto in una tortiera da 18 cm unta e foderata e cuocere in forno preriscaldato a 190°C/375°F/gas mark 5 per 20 minuti fino a quando non sarà ben lievitato e sodo al tatto. Lasciar raffreddare.

Mettere lo zucchero a velo in una ciotola e sbattere gradualmente in acqua a sufficienza per fare una glassa spalmabile (glassa). Distribuire la maggior parte sulla parte superiore della torta. Colora la restante glassa con qualche goccia di colorante alimentare, aggiungendo ancora un po' di zucchero a velo se questo rende la glassa troppo sottile. Versare o versare la glassa rossa sulla torta per dividerla in spicchi, quindi decorare con le ciliegie glacé e le noci.

Torta Damson

Fa una torta da 20 cm/8

100 g/4 once/½ tazza di burro o margarina, ammorbidito

75 g/3 once/1/3 di tazza di zucchero di canna morbido

2 uova, leggermente sbattute

225 g/8 oz/2 tazze di farina autolievitante (autolievitante).

450 g/1 lb di susine, snocciolate (snocciolate) e tagliate a metà

50 g/2 once/½ tazza di noci miste tritate.

Sbattere insieme il burro o la margarina e lo zucchero fino a ottenere un composto chiaro e spumoso, quindi aggiungere gradualmente le uova, sbattendo bene dopo ogni aggiunta. Piegare la farina e le susine. Versare il composto in una tortiera da 20 cm/8 imburrata e foderata e cospargere con le noci. Cuocere in forno preriscaldato a 190°C/375°F/gas mark 5 per 45 minuti fino a quando non diventa sodo al tatto. Lasciare raffreddare nello stampo per 10 minuti prima di capovolgere su una gratella per completare il raffreddamento.

Torta di datteri e noci

Fa una torta da 23 cm/9 pollici

300 ml/½ pt/1¼ tazze di acqua bollente

225 g/8 once/11/3 tazze di datteri, snocciolati (snocciolati) e tritati

5 ml/1 cucchiaino di bicarbonato di sodio (bicarbonato di sodio)

75 g/3 once/1/3 tazza di burro o margarina, ammorbidito

225 g/8 oz/1 tazza di zucchero semolato (superfino).

1 uovo sbattuto

275 g/10 once/2½ tazze di farina normale (per tutti gli usi).

Un pizzico di sale

2,5 ml/½ cucchiaino di lievito in polvere

50 g/2 once/½ tazza di noci, tritate

Per la farcitura:

50 g/2 once/¼ di tazza di zucchero di canna morbido

25 g/1 oz/2 cucchiai di burro o margarina

30 ml/2 cucchiai di latte

Qualche metà di noce per decorare

Mettete in una ciotola l'acqua, i datteri e il bicarbonato di sodio e lasciate riposare per 5 minuti. Montare a crema il burro o la margarina e lo zucchero fino a renderli morbidi, quindi incorporare l'uovo con l'acqua e i datteri. Mescolare insieme la farina, il sale e il lievito, quindi unirli al composto con le noci. Trasformate in una tortiera da 23 cm/9 unta e foderata e cuocete in forno preriscaldato a 180°C/350°F/gas mark 4 per 1 ora fino a quando non si solidifica. Raffreddare su una gratella.

Per preparare la copertura, mescola lo zucchero, il burro e il latte fino a ottenere un composto omogeneo. Distribuire sulla torta e decorare con le mezze noci.

Torta al limone

Fa una torta da 20 cm/8

175 g/6 once/¾ tazza di burro o margarina, ammorbidito

175 g/6 once/¾ di tazza di zucchero semolato (superfino).

2 uova sbattute

225 g/8 oz/2 tazze di farina autolievitante (autolievitante).

Succo e scorza grattugiata di 1 limone

60 ml/4 cucchiai di latte

Montare a crema il burro o la margarina e 100 g/4 once/½ tazza di zucchero. Aggiungere le uova poco alla volta, quindi incorporare la farina e la scorza di limone grattugiata. Mescolare abbastanza latte per dare una consistenza morbida. Versare il composto in una tortiera imburrata e foderata di 20 cm/8 e cuocere in forno preriscaldato a 180°C/350°F/gas mark 4 per 1 ora fino a quando non è lievitata e dorata. Sciogliere lo zucchero rimanente nel succo di limone. Bucherellare la torta calda dappertutto con una forchetta e versarvi sopra il composto di succo. Lasciar raffreddare.

Torta all'arancia e mandorle

Fa una torta da 20 cm/8

4 uova, separate

100 g/4 oz/½ tazza di zucchero semolato (superfino).

Scorza grattugiata di 1 arancia

50 g di mandorle, tritate finemente

50 g/2 oz/½ tazza di mandorle tritate

Per lo sciroppo:

100 g/4 oz/½ tazza di zucchero semolato (superfino).

300 ml/½ pt/1¼ tazze di succo d'arancia

15 ml/1 cucchiaio di liquore all'arancia (facoltativo)

1 bastoncino di cannella

Sbattere insieme i tuorli, lo zucchero, la scorza d'arancia, le mandorle e le mandorle tritate. Montare a neve ferma gli albumi, poi incorporarli al composto. Versare in una tortiera (teglia) imburrata e infarinata di 20 cm/8 e cuocere in forno preriscaldato a 180°C/350°F/gas mark 4 per 45 minuti fino a quando non si solidifica al tatto. Punzecchiare tutto con uno spiedino e lasciar raffreddare.

Nel frattempo sciogliere lo zucchero nel succo d'arancia e nel liquore, se utilizzato, a fuoco basso con la stecca di cannella, mescolando di tanto in tanto. Portare a ebollizione e far bollire fino a ridurre a uno sciroppo sottile. Scartare la cannella. Versare lo sciroppo caldo sulla torta e lasciare in ammollo.

Torta di pane d'avena

Fa una torta da 900 g/2 libbre

100 g/4 once/1 tazza di farina d'avena

300 ml/½ pt/1¼ tazze di acqua bollente

100 g/4 once/½ tazza di burro o margarina, ammorbidito

225 g/8 once/1 tazza di zucchero di canna morbido

225 g/8 oz/1 tazza di zucchero semolato (superfino).

2 uova, leggermente sbattute

175 g/6 once/1½ tazze di farina normale (per tutti gli usi).

10 ml/2 cucchiaini di lievito in polvere

5 ml/1 cucchiaino di bicarbonato di sodio (bicarbonato di sodio)

5 ml/1 cucchiaino di cannella in polvere

Mettere a bagno la farina d'avena nell'acqua bollente. Sbattere insieme il burro o la margarina e gli zuccheri fino a ottenere un composto chiaro e spumoso. Sbattere gradualmente le uova, quindi incorporare la farina, il lievito, il bicarbonato di sodio e la cannella. Infine, aggiungi la miscela di farina d'avena e mescola fino a quando non sarà ben amalgamata. Versare in una teglia (teglia) da 900 g/2 lb imburrata e foderata e cuocere in forno preriscaldato a 180°C/350°F/gas mark 4 per circa 1 ora fino a quando non si solidifica al tatto.

Torta al mandarino glassata tagliente

Fa una torta da 20 cm/8

175 g/6 oz/3/4 di tazza di margarina soft tub

250 g/9 oz/1 tazza generosa di zucchero semolato (superfino).

225 g/8 oz/2 tazze di farina autolievitante (autolievitante).

5 ml/1 cucchiaino di lievito in polvere

3 uova

Buccia finemente grattugiata e succo di 1 arancia piccola

300 g/11 oz/1 barattolo medio di mandarini, ben scolati

Scorza finemente grattugiata e succo di 1/2 limone

Frullare la margarina, 175 g/6 once/3/4 tazza di zucchero, la farina, il lievito, le uova, la scorza d'arancia e il succo in un robot da cucina o sbattere con uno sbattitore elettrico fino a che liscio. Tritare grossolanamente i man-darins e incorporarli. Versare in una tortiera da 20 cm unta e foderata. Leviga la superficie. Cuocere in forno preriscaldato a 180°C/350°F/gas mark 4 per 1 ora e 10 minuti o fino a quando uno stecchino inserito al centro risulta pulito. Raffreddare per 5 minuti, quindi rimuovere dallo stampo e posizionare su una gratella. Nel frattempo, mescolare lo zucchero rimanente con la scorza di limone e il succo fino a ottenere una pasta. Stendere sopra e lasciare raffreddare.

torta alle arance

Fa una torta da 20 cm/8

175 g/6 once/¾ tazza di burro o margarina, ammorbidito

175 g/6 once/¾ di tazza di zucchero semolato (superfino).

2 uova sbattute

225 g/8 oz/2 tazze di farina autolievitante (autolievitante).

Succo e scorza grattugiata di 1 arancia

60 ml/4 cucchiai di latte

Montare a crema il burro o la margarina e 100 g/4 once/½ tazza di zucchero. Aggiungere le uova poco alla volta, quindi incorporare la farina e la scorza d'arancia grattugiata. Mescolare abbastanza latte per dare una consistenza morbida. Trasforma il composto in una tortiera unta e foderata di 20 cm/8 (teglia) e cuoci in forno preriscaldato a 180°C/350°F/gas mark 4 per 1 ora finché non è lievitata e dorata. Sciogliere lo zucchero rimanente nel succo d'arancia. Bucherellare la torta calda dappertutto con una forchetta e versarvi sopra il composto di succo. Lasciar raffreddare.

Torta alle Pesche

Fa una torta da 23 cm/9 pollici

100 g/4 once/½ tazza di burro o margarina, ammorbidito

225 g/8 oz/1 tazza di zucchero semolato (superfino).

3 uova, separate

450 g/1 libbra/4 tazze di farina normale (per tutti gli usi).

Un pizzico di sale

5 ml/1 cucchiaino di bicarbonato di sodio (bicarbonato di sodio)

120 ml/4 fl oz/½ tazza di latte

225 g/8 oz/2/3 tazza di marmellata di pesche (conserve)

Montare a crema il burro o la margarina e lo zucchero. A poco a poco sbattere i tuorli, quindi incorporare la farina e il sale. Mescolare il bicarbonato di sodio con il latte, quindi incorporare al composto della torta, quindi alla marmellata. Montare a neve ferma gli albumi, poi incorporarli al composto. Versare in due teglie da 23 cm/9 unte e rivestite e cuocere in forno preriscaldato a 180°C/350°F/gas mark 4 per 25 minuti fino a quando non saranno ben lievitate ed elastiche al tatto.

Torta arancia e marsala

Fa una torta da 23 cm/9 pollici

175 g/6 once/1 tazza di uva sultanina (uvetta dorata)

120 ml/4 fl oz/½ tazza di Marsala

175 g/6 once/¾ tazza di burro o margarina, ammorbidito

100 g/4 once/½ tazza di zucchero di canna morbido

225 g/8 oz/1 tazza di zucchero semolato (superfino).

3 uova, leggermente sbattute

Scorza finemente grattugiata di 1 arancia

5 ml/1 cucchiaino di acqua di fiori d'arancio

275 g/10 once/2½ tazze di farina normale (per tutti gli usi).

10 ml/2 cucchiaini di bicarbonato di sodio (bicarbonato di sodio)

Un pizzico di sale

375 ml/13 fl oz/1½ tazza di latticello

Glassa al liquore all'arancia

Mettete a bagno l'uva sultanina nel Marsala per una notte. Sbattere insieme il burro o la margarina e gli zuccheri fino a ottenere un composto chiaro e spumoso. Sbattere gradualmente le uova, quindi unire la scorza d'arancia e l'acqua di fiori d'arancio. Unite la farina, il bicarbonato di sodio e il sale alternandoli al latticello. Mescolare l'uva sultanina ammollata e il Marsala. Versare in due tortiere da 23 cm/9 unte e rivestite e cuocere in forno preriscaldato a 180°C/350°F/gas mark 4 per 35 minuti fino a quando diventano elastiche al tatto e iniziano a restringersi dai lati delle lattine. Lasciare raffreddare nelle teglie per 10 minuti prima di capovolgere su una gratella per completare il raffreddamento.

Unire le torte con metà della glassa al liquore all'arancia, quindi spalmare sopra la glassa rimanente.

Torta di pesche e pere

Fa una torta da 23 cm/9 pollici

175 g/6 once/¾ tazza di burro o margarina, ammorbidito

150 g/5 once/2/3 tazze di zucchero semolato (superfino).

2 uova, leggermente sbattute

75 g/3 oz/¾ tazza di farina integrale (integrale).

75 g/3 once/¾ tazza di farina semplice (per tutti gli usi).

10 ml/2 cucchiaini di lievito in polvere

15 ml/1 cucchiaio di latte

2 pesche, snocciolate (snocciolate), sbucciate e tritate

2 pere, sbucciate, private del torsolo e tritate

30 ml/2 cucchiai di zucchero a velo (da pasticcere), setacciato

Sbattere insieme il burro o la margarina e lo zucchero fino a ottenere un composto chiaro e spumoso. Sbattere gradualmente le uova, quindi incorporare le farine e il lievito, aggiungendo il latte per dare al composto una consistenza gocciolante. Piegare le pesche e le pere. Versare il composto in una tortiera da 23 cm/9 unta e foderata e cuocere in forno preriscaldato a 190°C/375°F/gas mark 5 per 1 ora fino a quando non sarà ben lievitato ed elastico al tatto. Lasciare raffreddare nello stampo per 10 minuti prima di capovolgere su una gratella per completare il raffreddamento. Spolverare con zucchero a velo prima di servire.

Torta umida all'ananas

Fa una torta da 20 cm/8

100 g/4 once/½ tazza di burro o margarina

350 g/12 oz/2 tazze di frutta secca mista (miscela per torta di frutta)

225 g/8 once/1 tazza di zucchero di canna morbido

5 ml/1 cucchiaino di spezie miste macinate (torta di mele).

5 ml/1 cucchiaino di bicarbonato di sodio (bicarbonato di sodio)

425 g/15 oz/1 latta grande di ananas tritato non zuccherato, sgocciolato

225 g/8 oz/2 tazze di farina autolievitante (autolievitante).

2 uova sbattute

Mettere tutti gli ingredienti tranne la farina e le uova in una casseruola e scaldare dolcemente fino al punto di ebollizione, mescolando bene. Bollire costantemente per 3 minuti, quindi lasciare raffreddare completamente la miscela. Incorporare la farina, quindi incorporare gradualmente le uova. Trasforma il composto in una tortiera da 20 cm unta e foderata e cuoci in forno preriscaldato a 180°C/350°F/gas mark 4 per 1½–1¾ ore fino a quando non sarà ben lievitato e sodo al tatto. Lasciare raffreddare nello stampo.

Torta ananas e ciliegie

Fa una torta da 20 cm/8

100 g/4 once/½ tazza di burro o margarina, ammorbidito

100 g/4 oz/1 tazza di zucchero semolato (superfino).

2 uova sbattute

225 g/8 oz/2 tazze di farina autolievitante (autolievitante).

2,5 ml/½ cucchiaino di lievito in polvere

2,5 ml/½ cucchiaino di cannella in polvere

175 g/6 once/1 tazza di uva sultanina (uvetta dorata)

25 g/1 oz/2 cucchiai di ciliegie glacé (candite).

400 g/14 oz/1 lattina grande di ananas, scolati e tritati

30 ml/2 cucchiai di brandy o rum

Zucchero a velo (da pasticceria), setacciato, per spolverare

Sbattere insieme il burro o la margarina e lo zucchero fino a ottenere un composto leggero e spumoso. Sbattere gradualmente le uova, quindi incorporare la farina, il lievito e la cannella. Mescolare delicatamente gli ingredienti rimanenti. Versare il composto in una tortiera da 20 cm unta e foderata e cuocere in forno preriscaldato a 160°C/325°F/gas mark 3 per 1 ora e mezza fino a quando uno stecchino inserito al centro risulta pulito. Lasciar raffreddare, quindi servire spolverata di zucchero a velo.

Torta natalizia all'ananas

Fa una torta da 23 cm/9 pollici

50 g/2 once/¼ di tazza di burro o margarina

100 g/4 oz/½ tazza di zucchero semolato (superfino).

1 uovo, leggermente sbattuto

150 g/5 once/1¼ tazze di farina autolievitante (autolievitante).

Un pizzico di sale

120 ml/4 fl oz/½ tazza di latte

Per la farcitura:

100 g di ananas fresco o in scatola, grattugiato grossolanamente

1 mela da mangiare (da dessert), sbucciata, priva di torsolo e grattugiata grossolanamente

120 ml/4 fl oz/½ tazza di succo d'arancia

15 ml/1 cucchiaio di succo di limone

100 g/4 oz/½ tazza di zucchero semolato (superfino).

5 ml/1 cucchiaino di cannella in polvere

Sciogliere il burro o la margarina, quindi sbattere lo zucchero e l'uovo fino a ottenere un composto spumoso. Mescolare la farina e il sale alternativamente con il latte per fare una pastella. Versare in una tortiera da 23 cm/9 unta e foderata e cuocere in forno preriscaldato a 180°C/350°F/gas mark 4 per 25 minuti fino a quando diventa dorata ed elastica.

Portare a ebollizione tutti gli ingredienti della guarnizione, quindi cuocere a fuoco lento per 10 minuti. Versare sopra la torta calda e grigliare (grigliare) fino a quando l'ananas inizia a dorare. Raffreddare prima di servire tiepido o freddo.

Ananas capovolto

Fa una torta da 20 cm/8

175 g/6 once/¾ tazza di burro o margarina, ammorbidito

175 g/6 once/¾ di tazza di zucchero di canna morbido

400 g/14 oz/1 lattina grande di fette di ananas, scolate e riservate il succo

4 ciliegie glacé (candite), tagliate a metà

2 uova

100 g/4 oz/1 tazza di farina autolievitante (autolievitante).

Crema 75 g/3 oz/1/3 tazza di burro o margarina con 75 g/3 oz/1/3 tazza di zucchero fino a ottenere un composto chiaro e spumoso e stendere sulla base di una tortiera imburrata da 20 cm/8 (padella). Disporre sopra le fette di ananas e punteggiare con le ciliegie, con il lato arrotondato rivolto verso il basso. Sbattere insieme il burro o la margarina rimanenti e lo zucchero, quindi sbattere gradualmente le uova. Incorporare la farina e 30 ml/2 cucchiai di succo d'ananas messo da parte. Versare sopra l'ananas e cuocere in forno preriscaldato a 180°C/350°F/gas mark 4 per 45 minuti fino a quando non diventa sodo al tatto. Lasciare raffreddare nello stampo per 5 minuti, quindi rimuovere con attenzione dallo stampo e capovolgere su una gratella per raffreddare.

Torta ananas e noci

Fa una torta da 23 cm/9 pollici

225 g/8 once/1 tazza di burro o margarina, ammorbidito

225 g/8 oz/1 tazza di zucchero semolato (superfino).

5 uova

350 g/12 oz/3 tazze di farina normale (per tutti gli usi).

100 g/4 once/1 tazza di noci, tritate grossolanamente

100 g di ananas glacé (candito), tritato

Un po' di latte

Sbattere insieme il burro o la margarina e lo zucchero fino a ottenere un composto chiaro e spumoso. Sbattere gradualmente le uova, quindi incorporare la farina, le noci e l'ananas, aggiungendo abbastanza latte per dare una consistenza gocciolante. Versare in una tortiera (teglia) da 23 cm unta e foderata e cuocere in forno preriscaldato a 150°C/300°F/gas mark 2 per 1 ora e mezza fino a quando uno stecchino inserito al centro risulta pulito.

Torta Di Lamponi

Fa una torta da 20 cm/8

100 g/4 once/½ tazza di burro o margarina, ammorbidito

200 g/7 once/1 tazza scarsa di zucchero semolato (superfino).

2 uova, leggermente sbattute

250 ml/8 fl oz/1 tazza di panna acida (acida da latte).

5 ml/1 cucchiaino di essenza di vaniglia (estratto)

250 g/9 once/2¼ tazze di farina normale (per tutti gli usi).

5 ml/1 cucchiaino di lievito in polvere

5 ml/1 cucchiaino di bicarbonato di sodio (bicarbonato di sodio)

5 ml/1 cucchiaino di cacao (cioccolato non zuccherato) in polvere

2,5 ml/½ cucchiaino di sale

100 g/4 oz di lamponi surgelati freschi o scongelati

Per la farcitura:
30 ml/2 cucchiai di zucchero semolato (superfino).

5 ml/1 cucchiaino di cannella in polvere

Montare a crema il burro o la margarina e lo zucchero. Sbattere gradualmente le uova, quindi la panna acida e l'essenza di vaniglia. Incorporare la farina, il lievito, il bicarbonato di sodio, il cacao e il sale. Incorporare i lamponi. Versare in una tortiera unta da 20 cm / 8 in (teglia). Mescolare lo zucchero e la cannella e cospargere sulla parte superiore della torta. Cuocere in forno preriscaldato a 200°C/400°F/gas mark 4 per 35 minuti fino a doratura e uno spiedino al centro risulta pulito. Cospargere con lo zucchero mescolato con la cannella.

Torta al rabarbaro

Fa una torta da 20 cm/8

225 g/8 oz/2 tazze di farina integrale (integrale).

10 ml/2 cucchiaini di lievito in polvere

10 ml/2 cucchiaini di cannella in polvere

45 ml/3 cucchiai di miele chiaro

175 g/6 once/1 tazza di uva sultanina (uvetta dorata)

2 uova

150 ml/¼ pt/2/3 tazza di latte

225 g di rabarbaro, tritato

30 ml/2 cucchiai di zucchero demerara

Frullare tutti gli ingredienti tranne il rabarbaro e lo zucchero. Mescolare il rabarbaro e il cucchiaio in una tortiera imburrata e infarinata di 20 cm/8. Cospargere con lo zucchero. Cuocere in forno preriscaldato a 180°C/350°F/gas mark 4 per 45 minuti fino a quando non si solidifica. Lasciare raffreddare nello stampo per 10 minuti prima di sformare.

Torta al miele di rabarbaro

Per due torte da 450 g/1 libbra

250 g/9 oz/2/3 tazza di miele chiaro

120 ml/4 fl oz/½ tazza di olio

1 uovo, leggermente sbattuto

15 ml/1 cucchiaio di bicarbonato di sodio (bicarbonato di sodio)

150 ml/¼ pt/2/3 tazza di yogurt bianco

75 ml/5 cucchiai di acqua

350 g/12 oz/3 tazze di farina normale (per tutti gli usi).

10 ml/2 cucchiaini di sale

350 g di rabarbaro, tritato finemente

5 ml/1 cucchiaino di essenza di vaniglia (estratto)

50 g/2 once/½ tazza di noci miste tritate

Per la farcitura:

75 g/3 once/1/3 di tazza di zucchero di canna morbido

5 ml/1 cucchiaino di cannella in polvere

15 ml/1 cucchiaio di burro o margarina, sciolto

Mescolare insieme il miele e l'olio, quindi sbattere l'uovo. Mescolare il bicarbonato di sodio nello yogurt e nell'acqua fino a quando non si scioglie. Mescolare la farina e il sale e unirli al composto di miele alternandoli allo yogurt. Mescolare il rabarbaro, l'essenza di vaniglia e le noci. Versare in due stampini da plumcake imburrati e foderati da 450 g/1 lb. Mescolare gli ingredienti per la farcitura e cospargere sulle torte. Cuocere in forno preriscaldato a 160°C/325°F/gas mark 3 per 1 ora fino a quando non è appena sodo al tatto e dorato in superficie. Lasciare raffreddare nelle teglie per 10 minuti, quindi capovolgere su una gratella per completare il raffreddamento.

Torta Di Barbabietole

Fa una torta da 20 cm/8

250 g/9 oz/1¼ tazze di farina normale (per tutti gli usi).

15 ml/1 cucchiaio di lievito in polvere

5 ml/1 cucchiaino di cannella in polvere

Un pizzico di sale

150 ml/8 fl oz/1 tazza di olio

300 g/11 oz/11/3 tazze di zucchero semolato (superfino).

3 uova, separate

150 g di barbabietola cruda, sbucciata e grattugiata grossolanamente

150 g di carote, grattugiate grossolanamente

100 g/4 once/1 tazza di noci miste tritate

Mescolare insieme la farina, il lievito, la cannella e il sale. Sbattere l'olio e lo zucchero. Sbattere i tuorli, la barbabietola, le carote e le noci. Montare a neve ferma gli albumi, poi incorporarli al composto con un cucchiaio di metallo. Versare il composto in una tortiera da 20 cm unta e foderata e cuocere in forno preriscaldato a 180°C/350°F/gas mark 4 per 1 ora fino a quando diventa elastica al tatto.

Torta di carote e banane

Fa una torta da 20 cm/8

175 g/6 once di carote, grattugiate

2 banane, schiacciate

75 g/3 oz/½ tazza di uva sultanina (uvetta dorata)

50 g/2 once/½ tazza di noci miste tritate

175 g/6 once/1½ tazza di farina autolievitante (autolievitante).

5 ml/1 cucchiaino di lievito in polvere

5 ml/1 cucchiaino di spezie miste macinate (torta di mele).

Succo e scorza grattugiata di 1 arancia

2 uova sbattute

75 g/3 once/1/2 tazza di zucchero muscovado leggero

100 ml/31/2 fl oz/1/2 tazza scarsa di olio di semi di girasole

Mescolare tutti gli ingredienti fino a quando non sono ben amalgamati. Versare in una tortiera da 20 cm/8 unta e foderata e cuocere in forno preriscaldato a 180°C/350°F/gas mark 4 per 1 ora fino a quando uno stecchino inserito al centro risulta pulito.

Torta di mele e carote

Fa una torta da 23 cm/9 pollici

250 g/9 oz/2¼ tazze di farina autolievitante (autolievitante).

5 ml/1 cucchiaino di bicarbonato di sodio (bicarbonato di sodio)

5 ml/1 cucchiaino di cannella in polvere

175 g/6 once/¾ di tazza di zucchero di canna morbido

Scorza finemente grattugiata di 1 arancia

3 uova

200 ml/7 fl oz/1 tazza scarsa di olio

150 g/5 oz di mele da mangiare (dessert), sbucciate, private del torsolo e grattugiate

150 g/5 once di carote, grattugiate

100 g/4 once/2/3 tazza di albicocche secche pronte da mangiare, tritate

100 g/4 once/1 tazza di noci pecan o noci, tritate

Mescolare insieme la farina, il bicarbonato di sodio e la cannella, quindi incorporare lo zucchero e la scorza d'arancia. Sbattere le uova nell'olio, quindi incorporare la mela, le carote e due terzi delle albicocche e noci. Incorporare il composto di farina e versare il cucchiaio in una tortiera imburrata e foderata da 23 cm/9. Cospargere con le restanti albicocche e noci tritate. Cuocere in forno preriscaldato a 180°C/350°F/gas mark 4 per 30 minuti fino a quando non diventa elastico al tatto. Lasciare raffreddare leggermente nello stampo, quindi capovolgere su una gratella per completare il raffreddamento.

Torta di carote e cannella

Fa una torta da 20 cm/8

100 g/4 oz/1 tazza di farina integrale (integrale).

100 g/4 once/1 tazza di farina normale (per tutti gli usi).

15 ml/1 cucchiaio di cannella in polvere

5 ml/1 cucchiaino di noce moscata grattugiata

10 ml/2 cucchiaini di lievito in polvere

100 g/4 once/½ tazza di burro o margarina

100 g/4 oz/1/3 di tazza di miele trasparente

100 g/4 once/½ tazza di zucchero di canna morbido

225 g/8 once di carote, grattugiate

Mescolate in una ciotola le farine, la cannella, la noce moscata e il lievito. Sciogliere il burro o la margarina con il miele e lo zucchero, quindi unirli alla farina. Mescolare le carote e mescolare bene. Versare in una tortiera da 20 cm/8 unta e foderata e cuocere in forno preriscaldato a 160°C/325°F/gas mark 3 per 1 ora fino a quando uno stecchino inserito al centro risulta pulito. Lasciare raffreddare nello stampo per 10 minuti, quindi capovolgere su una gratella per completare il raffreddamento.

Torta di carote e zucchine

Fa una torta da 23 cm/9 pollici

2 uova

175 g/6 once/¾ di tazza di zucchero di canna morbido

100 g/4 once di carote, grattugiate

50 g di zucchine (zucchine), grattugiate

75 ml/5 cucchiai di olio

225 g/8 oz/2 tazze di farina autolievitante (autolievitante).

2,5 ml/½ cucchiaino di lievito in polvere

5 ml/1 cucchiaino di spezie miste macinate (torta di mele).

glassa di formaggio cremoso

Mescolare le uova, lo zucchero, le carote, le zucchine e l'olio. Mescolare la farina, il lievito e le spezie miste e mescolare fino a ottenere una pastella liscia. Versare in una tortiera da 23 cm/9 unta e foderata e cuocere in forno preriscaldato a 180°C/350°F/gas mark 4 per 30 minuti fino a quando uno stecchino inserito al centro risulta pulito. Lasciare raffreddare, quindi spalmare con la glassa al formaggio.

Torta di carote e zenzero

Fa una torta da 20 cm/8

175 g/6 once/2/3 tazza di burro o margarina

100 g/4 oz/1/3 di tazza di sciroppo dorato (mais leggero).

120 ml/4 fl oz/½ tazza di acqua

100 g/4 once/½ tazza di zucchero di canna morbido

150 g di carote, grattugiate grossolanamente

5 ml/1 cucchiaino di bicarbonato di sodio (bicarbonato di sodio)

200 g/7 oz/1¾ tazze di farina semplice (per tutti gli usi).

100 g/4 oz/1 tazza di farina autolievitante (autolievitante).

5 ml/1 cucchiaino di zenzero macinato

Un pizzico di sale

Per la glassa (glassa):
175 g/6 once/1 tazza di zucchero a velo (da pasticcere), setacciato

5 ml/1 cucchiaino di burro o margarina, ammorbidito

30 ml/2 cucchiai di succo di limone

Sciogliere il burro o la margarina con lo sciroppo, l'acqua e lo zucchero, quindi portare a ebollizione. Togliere dal fuoco e mantecare con le carote e il bicarbonato di sodio. Lasciar raffreddare. Mescolare le farine, lo zenzero e il sale, versare un cucchiaio in una tortiera unta da 20 cm/8 (teglia) e cuocere in forno preriscaldato a 180°C/350°F/gas mark 4 per 45 minuti fino a quando non sarà ben lievitata e elastica a il tocco. Sformare e lasciare raffreddare.

Mescolare lo zucchero a velo con il burro o la margarina e abbastanza succo di limone per fare una glassa spalmabile. Tagliare la torta a metà orizzontalmente, quindi utilizzare metà della glassa per unire la torta e condire o spalmare il resto sopra.

Torta di carote e noci

Fa una torta da 18 cm/7 pollici

2 uova grandi, separate

150 g/5 once/2/3 tazze di zucchero semolato (superfino).

225 g/8 once di carote, grattugiate

150 g/5 once/1¼ tazze di noci miste tritate

10 ml/2 cucchiaini di scorza di limone grattugiata

50 g/2 oz/½ tazza di farina normale (per tutti gli usi).

2,5 ml/½ cucchiaino di lievito in polvere

Sbattere insieme i tuorli e lo zucchero fino a ottenere un composto denso e cremoso. Mescolare le carote, le noci e la scorza di limone, quindi incorporare la farina e il lievito. Montate gli albumi a neve ben ferma, quindi incorporateli al composto. Trasforma in una tortiera quadrata da 19 cm / 7 in unta (teglia). Cuocere in forno preriscaldato a 180°C/350°F/gas mark 4 per 40-45 minuti fino a quando uno stecchino inserito al centro risulta pulito.

Torta di carote, arance e noci

Fa una torta da 20 cm/8

100 g/4 once/½ tazza di burro o margarina, ammorbidito

100 g/4 once/½ tazza di zucchero di canna morbido

5 ml/1 cucchiaino di cannella in polvere

5 ml/1 cucchiaino di scorza d'arancia grattugiata

2 uova, leggermente sbattute

15 ml/1 cucchiaio di succo d'arancia

100 g di carote, grattugiate finemente

50 g/2 once/½ tazza di noci miste tritate

225 g/8 oz/2 tazze di farina autolievitante (autolievitante).

5 ml/1 cucchiaino di lievito in polvere

Amalgamare il burro o la margarina, lo zucchero, la cannella e la scorza d'arancia fino a ottenere un composto chiaro e spumoso. Sbattere gradualmente le uova e il succo d'arancia, quindi incorporare le carote, le noci, la farina e il lievito. Versare in una tortiera da 20 cm/8 unta e foderata e cuocere in forno preriscaldato a 180°C/350°F/gas mark 4 per 45 minuti fino a quando diventa elastica al tatto.

Torta di carote, ananas e cocco

Fa una torta da 25 cm/10 pollici

3 uova

350 g/12 oz/1½ tazze di zucchero semolato (superfino).

300 ml/½ pt/1¼ tazze di olio

5 ml/1 cucchiaino di essenza di vaniglia (estratto)

225 g/8 once/2 tazze di farina normale (per tutti gli usi).

5 ml/1 cucchiaino di bicarbonato di sodio (bicarbonato di sodio)

10 ml/2 cucchiaini di cannella in polvere

5 ml/1 cucchiaino di sale

225 g/8 once di carote, grattugiate

100 g di ananas in scatola, scolati e tritati

100 g/4 once/1 tazza di cocco essiccato (triturato).

100 g/4 once/1 tazza di noci miste tritate

Zucchero a velo (da pasticceria), setacciato, per spolverare

Sbattere insieme le uova, lo zucchero, l'olio e l'essenza di vaniglia. Mescolare insieme la farina, il bicarbonato di sodio, la cannella e il sale e incorporare gradualmente al composto. Piegare le carote, l'ananas, il cocco e le noci. Versare in una tortiera da 25 cm/10 unta e infarinata e cuocere in forno preriscaldato a 160°C/325°F/gas mark 3 per 1 ora e ¼ fino a quando uno stecchino inserito al centro risulta pulito. Lasciare raffreddare nello stampo per 10 minuti prima di capovolgere su una gratella per completare il raffreddamento. Spolverizzate con lo zucchero a velo prima di servire.

Torta di carote e pistacchi

Fa una torta da 23 cm/9 pollici

100 g/4 once/½ tazza di burro o margarina, ammorbidito

100 g/4 oz/½ tazza di zucchero semolato (superfino).

2 uova

225 g/8 once/2 tazze di farina normale (per tutti gli usi).

5 ml/1 cucchiaino di bicarbonato di sodio (bicarbonato di sodio)

5 ml/1 cucchiaino di cardamomo macinato

225 g/8 once di carote, grattugiate

50 g/2 once/½ tazza di pistacchi, tritati

50 g/2 oz/½ tazza di mandorle tritate

100 g/4 oz/2/3 tazza di uva sultanina (uvetta dorata)

Sbattere insieme il burro o la margarina e lo zucchero fino a ottenere un composto leggero e spumoso. Sbattere gradualmente le uova, sbattendo bene dopo ogni aggiunta, quindi incorporare la farina, il bicarbonato di sodio e il cardamomo. Mescolare le carote, le noci, le mandorle tritate e l'uvetta. Versare il composto in una tortiera da 23 cm unta e foderata e cuocere in forno preriscaldato a 180°C/350°F/gas mark 4 per 40 minuti fino a quando non sarà ben lievitato, dorato ed elastico al tatto.

Torta di carote e noci

Fa una torta da 23 cm/9 pollici

200 ml/7 fl oz/1 tazza scarsa di olio

4 uova

225 g/8 oz/2/3 tazza di miele trasparente

225 g/8 oz/2 tazze di farina integrale (integrale).

10 ml/2 cucchiaini di lievito in polvere

2,5 ml/½ cucchiaino di bicarbonato di sodio (bicarbonato di sodio)

Un pizzico di sale

5 ml/1 cucchiaino di essenza di vaniglia (estratto)

175 g di carote, grattugiate grossolanamente

175 g/6 once/1 tazza di uvetta

100 g/4 once/1 tazza di noci, tritate finemente

Amalgamate l'olio, le uova e il miele. Mescolare gradualmente tutti gli ingredienti rimanenti e sbattere fino a quando non saranno ben amalgamati. Versare in una tortiera da 23 cm/ 9 unta e infarinata e cuocere in forno preriscaldato a 180°C/350°F/gas mark 4 per 1 ora fino a quando uno stecchino inserito al centro risulta pulito.

Torta Di Carote Speziata

Fa una torta da 18 cm/7 pollici

175 g/6 once/1 tazza di datteri

120 ml/4 fl oz/½ tazza di acqua

175 g/6 once/¾ tazza di burro o margarina, ammorbidito

2 uova, leggermente sbattute

225 g/8 oz/2 tazze di farina autolievitante (autolievitante).

175 g di carote, finemente grattugiate

25 g/1 oz/¼ di tazza di mandorle tritate

Scorza grattugiata di 1 arancia

2,5 ml/½ cucchiaino di spezie miste macinate (torta di mele).

2,5 ml/½ cucchiaino di cannella in polvere

2,5 ml/½ cucchiaino di zenzero macinato

                    Per la glassa (glassa):

Quark da 350 g/12 once/1½ tazza

25 g/1 oz/2 cucchiai di burro o margarina, ammorbiditi

Scorza grattugiata di 1 arancia

Mettere i datteri e l'acqua in un pentolino, portare a ebollizione, quindi cuocere a fuoco lento per 10 minuti fino a quando non si ammorbidiscono. Rimuovere ed eliminare i noccioli (noccioli), quindi tritare finemente i datteri. Mescolare i datteri e il liquido, il burro o la margarina e le uova fino a ottenere una crema. Aggiungi tutti gli altri ingredienti della torta. Versare il composto in una tortiera da 18 cm unta e foderata e cuocere in forno preriscaldato a 180°C/350°F/gas mark 4 per 1 ora fino a quando uno stecchino inserito al centro risulta pulito. Lasciare raffreddare nello stampo per 10 minuti prima di capovolgere su una gratella per completare il raffreddamento.

Per preparare la glassa, sbattere tutti gli ingredienti fino ad ottenere una consistenza spalmabile, aggiungendo un po' più di succo d'arancia o acqua se necessario. Tagliare la torta a metà orizzontalmente, unire gli strati con metà della glassa e spalmare sopra il resto.

Torta di carote e zucchero di canna

Fa una torta da 18 cm/7 pollici

5 uova, separate

200 g/7 once/1 tazza scarsa di zucchero di canna morbido

15 ml/1 cucchiaio di succo di limone

300 g/10 oz di carote, grattugiate

225 g/8 oz/2 tazze di mandorle tritate

25 g/1 oz/¼ di tazza di farina integrale (integrale).

5 ml/1 cucchiaino di cannella in polvere

25 g/1 oz/2 cucchiai di burro o margarina, sciolti

25 g/1 oz/2 cucchiai di zucchero semolato (superfino).

30 ml/2 cucchiai di panna singola (leggera).

75 g/3 once/¾ di tazza di noci miste tritate

Sbattere i tuorli fino a renderli spumosi, sbattere lo zucchero fino a che liscio, quindi sbattere il succo di limone. Mescolare un terzo delle carote, poi un terzo delle mandorle e continuare in questo modo fino a quando non saranno tutte amalgamate. Mescolare la farina e la cannella. Montate gli albumi a neve ben ferma, poi incorporateli al composto aiutandovi con un cucchiaio di metallo. Versare in una tortiera imburrata e foderata profonda 18 cm/7 e cuocere in forno preriscaldato a 180°C/350°F/gas mark 4 per 1 ora. Coprire la torta con carta da forno (oleata) e ridurre la temperatura del forno a 160°C/325°F/gas mark 3 per altri 15 minuti o fino a quando la torta si restringe leggermente dai lati della tortiera e il centro è ancora umido . Lasciare la torta nella teglia fino a quando non è appena tiepida, quindi sformare per completare il raffreddamento.

Unire il burro fuso o la margarina, lo zucchero, la panna e le noci, versare sulla torta e cuocere sotto una griglia media (grill) fino a doratura.

Torta di zucchine e zucca

Fa una torta da 20 cm/8

225 g/8 oz/1 tazza di zucchero semolato (superfino).

2 uova sbattute

120 ml/4 fl oz/½ tazza di olio

100 g/4 once/1 tazza di farina normale (per tutti gli usi).

5 ml/1 cucchiaino di lievito in polvere

2,5 ml/½ cucchiaino di bicarbonato di sodio (bicarbonato di sodio)

2,5 ml/½ cucchiaino di sale

100 g di zucchine (zucchine), grattugiate

100 g/4 once di ananas tritato

50 g/2 once/½ tazza di noci, tritate

5 ml/1 cucchiaino di essenza di vaniglia (estratto)

Sbattere insieme lo zucchero e le uova fino a ottenere un composto chiaro e ben amalgamato. Sbattere l'olio e poi gli ingredienti secchi. Mescolare le zucchine, l'ananas, le noci e l'essenza di vaniglia. Versare in una tortiera da 20 cm/8 unta e infarinata e cuocere in forno preriscaldato a 180°C/350°F/gas mark 4 per 1 ora fino a quando uno stecchino inserito al centro risulta pulito. Lasciare raffreddare nello stampo per 30 minuti prima di capovolgere su una gratella per completare il raffreddamento.

Torta di zucchine e arancia

Fa una torta da 25 cm/10 pollici

225 g/8 once/1 tazza di burro o margarina, ammorbidito

450 g/1 lb/2 tazze di zucchero di canna morbido

4 uova, leggermente sbattute

275 g/10 once/2½ tazze di farina normale (per tutti gli usi).

15 ml/1 cucchiaio di lievito in polvere

2,5 ml/½ cucchiaino di sale

5 ml/1 cucchiaino di cannella in polvere

2,5 ml/½ cucchiaino di noce moscata grattugiata

Un pizzico di chiodi di garofano macinati

Scorza grattugiata e succo di 1 arancia

225 g/8 once/2 tazze di zucchine (zucchine), grattugiate

Sbattere insieme il burro o la margarina e lo zucchero fino a ottenere un composto leggero e spumoso. Sbattere gradualmente le uova, quindi incorporare alternativamente la farina, il lievito, il sale e le spezie con la scorza e il succo d'arancia. Unire le zucchine. Versare in una tortiera da 25 cm/10 unta e foderata e cuocere in forno preriscaldato a 180°C/350°F/gas mark 4 per 1 ora fino a quando diventa dorata e elastica al tatto. Se la parte superiore inizia a dorare verso la fine della cottura, coprire con carta oleata (cerata).

Torta di zucchine speziata

Fa una torta da 25 cm/10 pollici

350 g/12 oz/3 tazze di farina normale (per tutti gli usi).

10 ml/2 cucchiaini di lievito in polvere

7,5 ml/1½ cucchiaino di cannella in polvere

5 ml/1 cucchiaino di bicarbonato di sodio (bicarbonato di sodio)

2,5 ml/½ cucchiaino di sale

8 albumi d'uovo

450 g/1 libbra/2 tazze di zucchero semolato (superfino).

100 g/4 oz/1 tazza di purea di mele (salsa)

120 ml/4 fl oz/½ tazza di latticello

15 ml/1 cucchiaio di essenza di vaniglia (estratto)

5 ml/1 cucchiaino di scorza d'arancia grattugiata finemente

350 g/12 oz/3 tazze di zucchine (zucchine), grattugiate

75 g/3 once/¾ tazza di noci, tritate

Per la farcitura:

100 g/4 once/½ tazza di formaggio cremoso

25 g/1 oz/2 cucchiai di burro o margarina, ammorbiditi

5 ml/1 cucchiaino di scorza d'arancia grattugiata finemente

10 ml/2 cucchiaini di succo d'arancia

350 g/12 oz/2 tazze di zucchero a velo (da pasticcere), setacciato

Mescolare insieme gli ingredienti secchi. Sbattere gli albumi fino a formare delle cime morbide. Sbattere lentamente lo zucchero, quindi la purea di mele, il latticello, l'essenza di vaniglia e la scorza d'arancia. Unire il composto di farina, poi le zucchine e le noci.

Versare in una tortiera da 25 cm/10 unta e infarinata e cuocere in forno preriscaldato a 150°C/300°F/gas mark 2 per 1 ora fino a quando uno stecchino inserito al centro risulta pulito. Lasciar raffreddare nello stampo.

Sbattere insieme tutti gli ingredienti per la copertura fino a renderli omogenei, aggiungendo abbastanza zucchero per ottenere una consistenza spalmabile. Distribuire sulla torta raffreddata.

torta alla zucca

Fa una torta di 23 x 33 cm/9 x 13 pollici

450 g/1 libbra/2 tazze di zucchero semolato (superfino).

4 uova sbattute

375 ml/13 fl oz/1½ tazza di olio

350 g/12 oz/3 tazze di farina normale (per tutti gli usi).

15 ml/1 cucchiaio di lievito in polvere

10 ml/2 cucchiaini di bicarbonato di sodio (bicarbonato di sodio)

10 ml/2 cucchiaini di cannella in polvere

2,5 ml/½ cucchiaino di zenzero macinato

Un pizzico di sale

225 g/8 oz di zucca cotta a dadini

100 g/4 once/1 tazza di noci, tritate

Sbattere insieme lo zucchero e le uova fino a quando non saranno ben amalgamati, quindi sbattere l'olio. Mescolare gli ingredienti rimanenti. Versare in una teglia da 23 x 33 cm/ 9 x 13 pollici unta e infarinata e cuocere in forno preriscaldato a 180°C/350°F/gas mark 4 per 1 ora finché non fuoriesce uno stecchino inserito al centro pulito.

Torta Di Zucca Alla Frutta

Fa una torta da 20 cm/8

100 g/4 once/½ tazza di burro o margarina, ammorbidito

150 g/5 once/2/3 tazza di zucchero di canna morbido

2 uova, leggermente sbattute

225 g/8 oz di zucca cotta a freddo

30 ml/2 cucchiai di sciroppo dorato (mais chiaro).

225 g/8 once 1/1/3 tazze di frutta secca mista (miscela per torta di frutta)

225 g/8 oz/2 tazze di farina autolievitante (autolievitante).

50 g/2 once/½ tazza di crusca

Sbattere insieme il burro o la margarina e lo zucchero fino a ottenere un composto leggero e spumoso. Sbattere gradualmente le uova, quindi incorporare gli altri ingredienti. Versare in una tortiera da 20 cm/8 unta e foderata e cuocere in forno preriscaldato a 160°C/325°F/gas mark 3 per 1¼ ore fino a quando uno stecchino inserito al centro risulta pulito.

Rotolo di zucca speziato

Fa un rotolo da 30 cm/12 pollici

75 g/3 once/¾ tazza di farina semplice (per tutti gli usi).

5 ml/1 cucchiaino di bicarbonato di sodio (bicarbonato di sodio)

5 ml/1 cucchiaino di zenzero macinato

2,5 ml/½ cucchiaino di noce moscata grattugiata

10 ml/2 cucchiaini di cannella in polvere

Un pizzico di sale

1 uovo

225 g/8 oz/1 tazza di zucchero semolato (superfino).

100 g di zucca cotta, a dadini

5 ml/1 cucchiaino di succo di limone

4 albumi d'uovo

50 g/2 once/½ tazza di noci, tritate

50 g/2 oz/1/3 di tazza di zucchero a velo (da pasticcere), setacciato

Per il ripieno:
175 g/6 once/1 tazza di zucchero a velo (da pasticcere), setacciato

100 g/4 once/½ tazza di formaggio cremoso

2,5 ml/½ cucchiaino di essenza di vaniglia (estratto)

Mescolare insieme la farina, il bicarbonato di sodio, le spezie e il sale. Sbattere l'uovo fino a renderlo denso e chiaro, quindi sbattere lo zucchero fino a ottenere un composto chiaro e cremoso. Mescolare la zucca e il succo di limone. Incorporare il composto di farina. In una ciotola pulita, sbattere gli albumi a neve. Piegare nell'impasto per torte e stendere in una teglia da 30 x 12 cm unta e foderata (12 x 8 in teglia per rotoli di gelatina) e cospargere le noci sopra. Cuocere in forno preriscaldato a 190°C/375°F/gas mark 5 per 10 minuti fino a quando non diventa elastico al tatto. Setacciare lo zucchero a velo su un canovaccio pulito (canovaccio) e capovolgere la torta sull'asciugamano. Rimuovere la carta da rivestimento e arrotolare la torta e l'asciugamano, quindi lasciar raffreddare.

Per fare il ripieno, sbattere gradualmente lo zucchero nella crema di formaggio e nell'essenza di vaniglia fino ad ottenere un composto spalmabile. Srotolare la torta e spalmarvi sopra il ripieno. Arrotolate nuovamente la torta e mettetela in frigo prima di servirla spolverizzata con altro zucchero a velo.

Torta al rabarbaro e miele

Per due torte da 450 g/1 libbra

250 g/9 oz/¾ di tazza di miele trasparente

100 ml/4 fl oz/½ tazza di olio

1 uovo

5 ml/1 cucchiaino di bicarbonato di sodio (bicarbonato di sodio)

60 ml/4 cucchiai di acqua

350 g/12 oz/3 tazze di farina integrale (integrale).

10 ml/2 cucchiaini di sale

350 g di rabarbaro, tritato finemente

5 ml/1 cucchiaino di essenza di vaniglia (estratto)

50 g/2 oz/½ tazza di noci miste tritate (opzionale)

Per la farcitura:
75 g/3 once/1/3 di tazza di zucchero muscovado

5 ml/1 cucchiaino di cannella in polvere

15 g/½ oz/1 cucchiaio di burro o margarina, ammorbidito

Mescolare insieme il miele e l'olio. Aggiungere l'uovo e sbattere bene. Aggiungere il bicarbonato di sodio all'acqua e lasciare sciogliere. Mescolare insieme la farina e il sale. Aggiungere alla miscela di miele alternativamente con la miscela di bicarbonato di sodio. Mescolare il rabarbaro, l'essenza di vaniglia e le noci, se si utilizza. Versare in due stampini imburrati da 450 g/1 lb. Mescolare gli ingredienti per la farcitura e spalmarli sull'impasto della torta. Cuocere in forno preriscaldato a 180°C/350°F/gas mark 4 per 1 ora fino a quando non diventa elastico al tatto.

Torta Di Patate Dolci

Fa una torta da 23 cm/9 pollici

300 g/11 oz/2¾ tazze di farina normale (per tutti gli usi).

15 ml/1 cucchiaio di lievito in polvere

5 ml/1 cucchiaino di cannella in polvere

5 ml/1 cucchiaino di noce moscata grattugiata

Un pizzico di sale

350 g/12 oz/1¾ tazza di zucchero semolato (superfino).

375 ml/13 fl oz/1½ tazza di olio

60 ml/4 cucchiai di acqua bollita

4 uova, separate

225 g di patate dolci, sbucciate e grattugiate grossolanamente

100 g/4 once/1 tazza di noci miste tritate

5 ml/1 cucchiaino di essenza di vaniglia (estratto)

                          Per la glassa (glassa):

225 g/8 once/11/3 tazze di zucchero a velo (da pasticcere), setacciato

50 g/2 once/¼ di tazza di burro o margarina, ammorbiditi

250 g/9 oz/1 formaggio cremoso medio

50 g/2 once/½ tazza di noci miste tritate

Un pizzico di cannella in polvere per spolverare

Mescolare la farina, il lievito, la cannella, la noce moscata e il sale. Sbattere insieme lo zucchero e l'olio, quindi aggiungere l'acqua bollente e sbattere fino a quando non saranno ben amalgamati. Aggiungere i tuorli e la miscela di farina e mescolare fino a quando non saranno ben amalgamati. Mescolare le patate dolci, le noci e l'essenza di vaniglia. Montare a neve ferma gli albumi, poi incorporarli al composto. Versare in due stampini da 23 cm/9 imburrati e infarinati e cuocere in forno preriscaldato a 180°C/350°F/gas mark 4 per 40 minuti fino a quando diventano elastici al tatto. Lasciare raffreddare nelle teglie per 5 minuti, quindi capovolgere su una gratella per completare il raffreddamento.

Mescolare lo zucchero a velo, il burro o la margarina e metà della crema di formaggio. Distribuire metà della crema di formaggio rimanente su una torta, quindi spalmare la glassa sul formaggio. Metti insieme le torte. Distribuire la restante crema di formaggio sopra e cospargere le noci e la cannella sopra prima di servire.

Torta di mandorle italiana

Fa una torta da 20 cm/8

1 uovo

150 ml/¼ pt/2/3 tazza di latte

2,5 ml/½ cucchiaino di essenza di mandorla (estratto)

45 ml/3 cucchiai di burro, sciolto

350 g/12 oz/3 tazze di farina normale (per tutti gli usi).

100 g/4 oz/½ tazza di zucchero semolato (superfino).

10 ml/2 cucchiaini di lievito in polvere

2,5 ml/½ cucchiaino di sale

1 albume d'uovo

100 g/4 oz/1 tazza di mandorle, tritate

Sbattere l'uovo in una ciotola, quindi aggiungere gradualmente il latte, l'essenza di mandorle e il burro fuso, continuando a sbattere. Aggiungere la farina, lo zucchero, il lievito e il sale e continuare a mescolare fino a che liscio. Versare in una tortiera imburrata e foderata da 20 cm/8 in tortiera (teglia). Sbattere l'albume fino a renderlo spumoso, quindi spennellare generosamente sulla parte superiore della torta e cospargere con le mandorle. Cuocere in forno preriscaldato a 220°C/425°F/gas mark 7 per 25 minuti fino a doratura e consistenza elastica al tatto.

Torta Mandorle e Caffè

Fa una torta da 23 cm/9 pollici

8 uova, separate

175 g/6 once/¾ di tazza di zucchero semolato (superfino).

60 ml/4 cucchiai di caffè nero forte

175 g/6 once/1½ tazza di mandorle tritate

45 ml/3 cucchiai di semolino (crema di grano)

100 g/4 once/1 tazza di farina normale (per tutti gli usi).

Sbattere i tuorli e lo zucchero fino a ottenere un composto molto denso e cremoso. Aggiungere il caffè, le mandorle tritate e il semolino e sbattere bene. Incorporare la farina. Montare a neve ferma gli albumi, poi incorporarli al composto. Versare in una tortiera unta da 23 cm/9 in (teglia) e cuocere in forno preriscaldato a 180°C/350°F/gas mark 4 per 45 minuti fino a quando non diventa elastico al tatto.

Torta di mandorle e miele

Fa una torta da 20 cm/8

225 g/8 once di carote, grattugiate

75 g di mandorle, tritate

2 uova sbattute

100 ml/4 fl oz/½ tazza di miele chiaro

60 ml/4 cucchiai di olio

150 ml/¼ pt/2/3 tazza di latte

150 g/5 once/1¼ tazze di farina integrale (integrale).

10 ml/2 cucchiaini di sale

10 ml/2 cucchiaini di bicarbonato di sodio (bicarbonato di sodio)

15 ml/1 cucchiaio di cannella in polvere

Mescolare le carote e le noci. Sbattere le uova con il miele, l'olio e il latte, quindi incorporarle al composto di carote. Mescolare la farina, il sale, il bicarbonato di sodio e la cannella e incorporare al composto di carote. Versare il composto in una tortiera quadrata di 20 cm di diametro unta e foderata e cuocere in forno preriscaldato a 150°C/300°F/gas mark 2 per 1¾ ore fino a quando uno stecchino inserito al centro risulta pulito . Lasciare raffreddare nello stampo per 10 minuti prima di sformare.

Torta di mandorle e limone

Fa una torta da 23 cm/9 pollici

25 g/1 oz/¼ di tazza di scaglie di mandorle

100 g/4 once/½ tazza di burro o margarina, ammorbidito

100 g/4 once/½ tazza di zucchero di canna morbido

2 uova sbattute

100 g/4 oz/1 tazza di farina autolievitante (autolievitante).

Scorza grattugiata di 1 limone

Per lo sciroppo:

75 g/3 oz/1/3 di tazza di zucchero semolato (superfino).

45–60 ml/3–4 cucchiai di succo di limone

Imburrate e foderate una tortiera da 23 cm e cospargete la base con le mandorle. Montare a crema il burro e lo zucchero di canna. Sbattere le uova una alla volta, quindi incorporare la farina e la scorza di limone. Versare nella teglia preparata e livellare la superficie. Cuocere in forno preriscaldato a 180°C/350°F/gas mark 4 per 20–25 minuti fino a quando non saranno ben lievitati ed elastici al tatto.

Nel frattempo, scaldare lo zucchero semolato e il succo di limone in una padella, mescolando di tanto in tanto, fino a quando lo zucchero non si sarà sciolto. Togliere la torta dal forno e lasciarla raffreddare per 2 minuti, quindi sformarla su una gratella con la base rivolta verso l'alto. Versare sopra lo sciroppo, quindi lasciare raffreddare completamente.

Torta di Mandorle all'Arancia

Fa una torta da 20 cm/8

225 g/8 once/1 tazza di burro o margarina, ammorbidito

225 g/8 oz/1 tazza di zucchero semolato (superfino).

4 uova, separate

225 g/8 once/2 tazze di farina normale (per tutti gli usi).

10 ml/2 cucchiaini di lievito in polvere

50 g/2 oz/½ tazza di mandorle tritate

5 ml/1 cucchiaino di scorza d'arancia grattugiata

Sbattere insieme il burro o la margarina e lo zucchero fino a ottenere un composto leggero e spumoso. Sbattere i tuorli d'uovo, quindi incorporare la farina, il lievito, le mandorle tritate e la scorza d'arancia. Montare a neve ferma gli albumi, poi incorporarli al composto con un cucchiaio di metallo. Versare in una tortiera da 20 cm/8 unta e foderata e cuocere in forno preriscaldato a 180°C/350°F/gas mark 4 per 1 ora fino a quando uno stecchino inserito al centro risulta pulito.

Ricca Torta Di Mandorle

Fa una torta da 18 cm/7 pollici

100 g/4 once/½ tazza di burro o margarina, ammorbidito

150 g/5 once/2/3 tazze di zucchero semolato (superfino).

3 uova, leggermente sbattute

75 g/3 oz/¾ tazza di mandorle tritate

50 g/2 oz/½ tazza di farina normale (per tutti gli usi).

Qualche goccia di essenza di mandorla (estratto)

Sbattere insieme il burro o la margarina e lo zucchero fino a ottenere un composto leggero e spumoso. Sbattere gradualmente le uova, quindi incorporare le mandorle tritate, la farina e l'essenza di mandorle. Versare in una tortiera da 18 cm/7 unta e foderata e cuocere in forno preriscaldato a 180°C/350°F/gas mark 4 per 45 minuti fino a quando diventa elastico al tatto.

Torta Amaretto Svedese

Fa una torta da 23 cm/9 pollici

100 g/4 oz/1 tazza di mandorle tritate

75 g/3 once/1/3 di tazza di zucchero semolato

5 ml/1 cucchiaino di lievito in polvere

2 grandi albumi montati a neve

Mescolare insieme le mandorle, lo zucchero e il lievito. Incorporare gli albumi fino a ottenere un composto denso e liscio. Versare in una teglia da sandwich da 23 cm/9 unta e foderata e cuocere in forno preriscaldato a 160°C/325°F/gas mark 3 per 20–25 minuti fino a quando non è lievitato e dorato. Sformare con molta attenzione dallo stampo poiché la torta è fragile.

Pane Al Cocco

Fa una pagnotta da 450 g/1 libbra

100 g/4 oz/1 tazza di farina autolievitante (autolievitante).

225 g/8 oz/1 tazza di zucchero semolato (superfino).

100 g/4 once/1 tazza di cocco essiccato (triturato).

1 uovo

120 ml/4 fl oz/½ tazza di latte

Un pizzico di sale

Mescolare bene tutti gli ingredienti e versare in uno stampo da plumcake imburrato e foderato da 450 g/1 lb. Cuocere in forno preriscaldato a 180°C/350°F/gas mark 4 per circa 1 ora fino a doratura ed elastica al tatto.

Torta al cocco

Fa una torta da 23 cm/9 pollici

75 g/3 once/1/3 di tazza di burro o margarina

150 ml/¼ pt/2/3 tazza di latte

2 uova, leggermente sbattute

225 g/8 oz/1 tazza di zucchero semolato (superfino).

150 g/5 once/1¼ tazze di farina autolievitante (autolievitante).

Un pizzico di sale

Per la farcitura:

100 g/4 once/½ tazza di burro o margarina

75 g/3 once/¾ tazza di cocco essiccato (triturato).

60 ml/4 cucchiai di miele chiaro

45 ml/3 cucchiai di latte

50 g/2 once/¼ di tazza di zucchero di canna morbido

Sciogliere il burro o la margarina nel latte, quindi lasciar raffreddare leggermente. Sbattere le uova e lo zucchero semolato fino a ottenere un composto chiaro e spumoso, quindi incorporare il composto di burro e latte. Mescolare la farina e il sale per ottenere un composto abbastanza sottile. Versare in una tortiera da 23 cm/9 unta e foderata e cuocere in forno preriscaldato a 180°C/350°F/gas mark 4 per 40 minuti fino a doratura e elastica al tatto.

Nel frattempo, portare a ebollizione in una padella gli ingredienti per la farcitura. Sformare la torta calda e versare sopra la miscela di topping. Mettere sotto una griglia calda (broiler) per alcuni minuti fino a quando la copertura inizia a dorare.

Torta dorata al cocco

Fa una torta da 20 cm/8

100 g/4 once/½ tazza di burro o margarina, ammorbidito

200 g/7 once/1 tazza scarsa di zucchero semolato (superfino).

200 g/7 oz/1¾ tazze di farina semplice (per tutti gli usi).

10 ml/2 cucchiaini di lievito in polvere

Un pizzico di sale

175 ml/6 fl oz/¾ di tazza di latte

3 albumi d'uovo

Per il ripieno e la farcitura:
150 g/5 once/1¼ tazze di cocco essiccato (triturato).

200 g/7 once/1 tazza scarsa di zucchero semolato (superfino).

120 ml/4 fl oz/½ tazza di latte

120 ml/4 fl oz/½ tazza di acqua

3 tuorli d'uovo

Sbattere insieme il burro o la margarina e lo zucchero fino a ottenere un composto leggero e spumoso. Mescolare la farina, il lievito e il sale nel composto alternando con il latte e l'acqua fino ad ottenere una pastella liscia. Montare a neve ferma gli albumi, poi incorporarli all'impasto. Versare il composto in due tortiere unte da 20 cm/8 (padelle) e cuocere in forno preriscaldato a 180°C/350°F/gas mark 4 per 25 minuti fino a quando non diventa elastico al tatto. Lasciar raffreddare.

Mescolare in un pentolino il cocco, lo zucchero, il latte e i tuorli d'uovo. Cuocere a fuoco dolce per qualche minuto fino a quando le uova saranno cotte, mescolando continuamente. Lasciar raffreddare. Unire le torte insieme a metà del composto di cocco, quindi versare il resto sopra.

Torta a strati al cocco

Fa una torta di 9 x 18 cm/3½ x 7 pollici

100 g/4 once/½ tazza di burro o margarina, ammorbidito

175 g/6 once/¾ di tazza di zucchero semolato (superfino).

3 uova

175 g/6 once/1½ tazze di farina normale (per tutti gli usi).

5 ml/1 cucchiaino di lievito in polvere

175 g/6 once/1 tazza di uva sultanina (uvetta dorata)

120 ml/4 fl oz/½ tazza di latte

6 biscotti semplici (biscotti), schiacciati

100 g/4 once/½ tazza di zucchero di canna morbido

100 g/4 once/1 tazza di cocco essiccato (triturato).

Sbattere insieme il burro o la margarina e lo zucchero semolato fino a ottenere un composto chiaro e spumoso. Sbattere gradualmente due uova, quindi incorporare alternativamente la farina, il lievito e l'uva sultanina con il latte. Versare metà del composto in uno stampo da plumcake imburrato e foderato da 450 g/1 lb. Mescolare l'uovo rimasto con le briciole di biscotti, lo zucchero di canna e il cocco e cospargere nella teglia. Versare il composto rimanente e cuocere in forno preriscaldato a 180°C/350°F/gas mark 4 per 1 ora. Lasciare raffreddare nello stampo per 30 minuti, quindi capovolgere su una gratella per completare il raffreddamento.

Torta al cocco e limone

Fa una torta da 20 cm/8

100 g/4 once/½ tazza di burro o margarina, ammorbidito

75 g/3 once/1/3 di tazza di zucchero di canna morbido

Scorza grattugiata di 1 limone

1 uovo sbattuto

Qualche goccia di essenza di mandorla (estratto)

350 g/12 oz/3 tazze di farina autolievitante (autolievitante).

60 ml/4 cucchiai di marmellata di lamponi (conserve)

Per la farcitura:

1 uovo sbattuto

75 g/3 once/1/3 di tazza di zucchero di canna morbido

225 g/8 once/2 tazze di cocco essiccato (triturato).

Amalgamare il burro o la margarina, lo zucchero e la scorza di limone fino a ottenere un composto chiaro e spumoso. Sbattere gradualmente l'uovo e l'essenza di mandorle, quindi incorporare la farina. Versare il composto in una tortiera imburrata e foderata da 20 cm/8. Versare la marmellata sul composto. Sbattere insieme gli ingredienti per la farcitura e distribuirli sul composto. Cuocere in forno preriscaldato a 180°C/350°F/gas mark 4 per 30 minuti fino a quando non diventa elastico al tatto. Lasciar raffreddare nello stampo.

Torta di Capodanno al cocco

Fa una torta da 18 cm/7 pollici

100 g/4 once/½ tazza di burro o margarina, ammorbidito

100 g/4 oz/½ tazza di zucchero semolato (superfino).

2 uova, leggermente sbattute

75 g/3 once/¾ tazza di farina semplice (per tutti gli usi).

45 ml/3 cucchiai di cocco essiccato (triturato).

30 ml/2 cucchiai di rum

Qualche goccia di essenza di mandorla (estratto)

Qualche goccia di essenza di limone (estratto)

Sbattere insieme il burro e lo zucchero fino a ottenere un composto chiaro e spumoso. Sbattere gradualmente le uova, quindi incorporare la farina e il cocco. Mescolare il rum e le essenze. Versare in una tortiera da 18 cm/7 unta e foderata e livellare la superficie. Cuocere in forno preriscaldato a 190°C/375°F/gas mark 5 per 45 minuti fino a quando uno stecchino inserito al centro risulta pulito. Lasciar raffreddare nello stampo.

Torta Cocco E Uva Sultanina

Fa una torta da 23 cm/9 pollici

100 g/4 once/½ tazza di burro o margarina, ammorbidito

175 g/6 once/¾ di tazza di zucchero semolato (superfino).

2 uova, leggermente sbattute

175 g/6 once/1½ tazze di farina normale (per tutti gli usi).

5 ml/1 cucchiaino di lievito in polvere

Un pizzico di sale

175 g/6 once/1 tazza di uva sultanina (uvetta dorata)

120 ml/4 fl oz/½ tazza di latte

Per il ripieno:

1 uovo, leggermente sbattuto

50 g/2 oz/½ tazza di briciole di biscotti (biscotti).

100 g/4 once/½ tazza di zucchero di canna morbido

100 g/4 once/1 tazza di cocco essiccato (triturato).

Sbattere insieme il burro o la margarina e lo zucchero semolato fino a ottenere un composto chiaro e spumoso. Incorporare gradualmente le uova. Incorporare la farina, il lievito, il sale e l'uva sultanina con una quantità sufficiente di latte per ottenere una consistenza morbida e gocciolante. Versare metà del composto in una tortiera imburrata da 23 cm. Mescolare gli ingredienti per il ripieno e versarvi sopra il composto, quindi ricoprire con il restante composto per torte. Cuocere in forno preriscaldato a 180°C/350°F/gas mark 4 per 1 ora fino a quando diventa elastico al tatto e inizia a restringersi dai lati della teglia. Lasciar raffreddare nello stampo prima di sformare.

Torta di noci croccante

Fa una torta da 23 cm/9 pollici

225 g/8 once/1 tazza di burro o margarina, ammorbidito

225 g/8 oz/1 tazza di zucchero semolato (superfino).

2 uova, leggermente sbattute

225 g/8 once/2 tazze di farina normale (per tutti gli usi).

2,5 ml/½ cucchiaino di bicarbonato di sodio (bicarbonato di sodio)

2,5 ml/½ cucchiaino di cremor tartaro

200 ml/7 fl oz/1 tazza scarsa di latte

Per la farcitura:
100 g/4 once/1 tazza di noci miste tritate

100 g/4 once/½ tazza di zucchero di canna morbido

5 ml/1 cucchiaino di cannella in polvere

Sbattere insieme il burro o la margarina e lo zucchero semolato fino a ottenere un composto chiaro e spumoso. A poco a poco sbattere le uova, quindi incorporare la farina, il bicarbonato di sodio e il cremor tartaro alternandoli al latte. Versare in una tortiera da 23 cm/9 in una tortiera unta e foderata. Mescolare le noci, lo zucchero di canna e la cannella e cospargere sulla parte superiore della torta. Cuocere in forno preriscaldato a 180°C/350°F/gas mark 4 per 40 minuti fino a doratura e restringimento dai lati della teglia. Lasciare raffreddare nello stampo per 10 minuti, quindi capovolgere su una gratella per completare il raffreddamento.

Torta Di Noci Miste

Fa una torta da 23 cm/9 pollici

100 g/4 once/½ tazza di burro o margarina, ammorbidito

225 g/8 oz/1 tazza di zucchero semolato (superfino).

1 uovo sbattuto

225 g/8 oz/2 tazze di farina autolievitante (autolievitante).

10 ml/2 cucchiaini di lievito in polvere

Un pizzico di sale

250 ml/8 fl oz/1 tazza di latte

5 ml/1 cucchiaino di essenza di vaniglia (estratto)

2,5 ml/½ cucchiaino di essenza di limone (estratto)

100 g/4 once/1 tazza di noci miste tritate

Sbattere insieme il burro o la margarina e lo zucchero fino a ottenere un composto leggero e spumoso. A poco a poco sbattere l'uovo. Mescolare insieme la farina, il lievito e il sale e unirli al composto alternandoli al latte e alle essenze. Piegare le noci. Versare in due teglie da 23 cm/9 unte e rivestite e cuocere in forno preriscaldato a 180°F/350°F/gas mark 4 per 40 minuti fino a quando uno stecchino inserito al centro risulta pulito.

Torta di noci greca

Fa una torta da 25 cm/10 pollici

100 g/4 once/½ tazza di burro o margarina, ammorbidito

225 g/8 oz/1 tazza di zucchero semolato (superfino).

3 uova, leggermente sbattute

250 g/9 once/2¼ tazze di farina normale (per tutti gli usi).

225 g/8 once/2 tazze di noci, macinate

10 ml/2 cucchiaini di lievito in polvere

5 ml/1 cucchiaino di cannella in polvere

1,5 ml/¼ di cucchiaino di chiodi di garofano macinati

Un pizzico di sale

75 ml/5 cucchiai di latte

Per lo sciroppo di miele:

175 g/6 once/¾ di tazza di zucchero semolato (superfino).

75 g/3 once/¼ di tazza di miele trasparente

15 ml/1 cucchiaio di succo di limone

250 ml/8 fl oz/1 tazza di acqua bollente

Sbattere insieme il burro o la margarina e lo zucchero fino a ottenere un composto leggero e spumoso. Sbattere gradualmente le uova, quindi incorporare la farina, le noci, il lievito, le spezie e il sale. Aggiungere il latte e mescolare fino a che liscio. Versare in una tortiera da 25 cm/10 unta e infarinata e cuocere in forno preriscaldato a 180°C/350°F/gas mark 4 per 40 minuti fino a quando non diventa elastico al tatto. Lasciare raffreddare nello stampo per 10 minuti, quindi trasferire su una gratella.

Per preparare lo sciroppo, mescolare lo zucchero, il miele, il succo di limone e l'acqua e scaldare fino a quando non si sarà sciolto.

Bucherellare la torta calda dappertutto con una forchetta, quindi versare sopra lo sciroppo di miele.

Torta di noci ghiacciata

Fa una torta da 18 cm/7 pollici

100 g/4 once/½ tazza di burro o margarina, ammorbidito

100 g/4 oz/½ tazza di zucchero semolato (superfino).

2 uova, leggermente sbattute

100 g/4 oz/1 tazza di farina autolievitante (autolievitante).

100 g/4 once/1 tazza di noci, tritate

Un pizzico di sale

Per la glassa (glassa):

450 g/1 lb/2 tazze di zucchero semolato

150 ml/¼ pt/2/3 tazza di acqua

2 albumi d'uovo

Qualche metà di noce per decorare

Sbattere insieme il burro o la margarina e lo zucchero semolato fino a ottenere un composto chiaro e spumoso. Sbattere gradualmente le uova, quindi incorporare la farina, le noci e il sale. Versare il composto in due tortiere da 18 cm/7 unte e rivestite e cuocere in forno preriscaldato a 180°C/350°F/gas mark 4 per 25 minuti fino a quando non saranno ben lievitate ed elastiche al tatto. Lasciar raffreddare.

Sciogliere lo zucchero semolato nell'acqua a fuoco lento, mescolando continuamente, quindi portare ad ebollizione e continuare a bollire, senza mescolare, fino a quando una goccia del composto forma una palla morbida quando viene fatta cadere nell'acqua fredda. Nel frattempo montate a neve ben ferma gli albumi in una ciotola pulita. Versare lo sciroppo sull'albume e sbattere fino a ottenere un composto abbastanza denso da ricoprire il dorso di un cucchiaio. Unire le torte con uno strato di glassa, quindi distribuire il resto sulla parte superiore e sui lati della torta e decorare con metà di noce.

Torta di noci con crema al cioccolato

Fa una torta da 18 cm/7 pollici

3 uova

75 g/3 once/1/3 di tazza di zucchero di canna morbido

50 g/2 oz/½ tazza di farina integrale (integrale).

25 g/1 oz/¼ di tazza di cacao (cioccolato non zuccherato) in polvere

                    Per la glassa (glassa):
150 g/5 once/1¼ tazze di cioccolato fondente (semidolce).

225 g/8 once/1 tazza di crema di formaggio a basso contenuto di grassi

45 ml/3 cucchiai di zucchero a velo (da pasticcere), setacciato

75 g/3 once/¾ tazza di noci, tritate

15 ml/1 cucchiaio di brandy (facoltativo)

Cioccolato grattugiato per guarnire

Sbattere insieme le uova e lo zucchero di canna fino a ottenere un composto chiaro e denso. Incorporare la farina e il cacao. Versare il composto in due teglie da sandwich (padelle) unte e rivestite da 18 cm e cuocere in forno preriscaldato a 190°C/375°F/gas mark 5 per 15-20 minuti fino a quando non saranno ben lievitate e elastiche al tatto. Togliere dagli stampini e lasciar raffreddare.

Sciogliere il cioccolato in una ciotola resistente al calore posta sopra una pentola di acqua bollente. Togliere dal fuoco e incorporare la crema di formaggio e lo zucchero a velo, quindi aggiungere le noci e il brandy, se lo si utilizza. Unire le torte insieme alla maggior parte del ripieno e spalmare sopra il resto. Guarnire con il cioccolato grattugiato.

Torta di noci con miele e cannella

Fa una torta da 23 cm/9 pollici

225 g/8 once/2 tazze di farina normale (per tutti gli usi).

10 ml/2 cucchiaini di lievito in polvere

5 ml/1 cucchiaino di bicarbonato di sodio (bicarbonato di sodio)

5 ml/1 cucchiaino di cannella in polvere

Un pizzico di sale

100 g/4 oz/1 tazza di yogurt bianco

75 ml/5 cucchiai di olio

100 g/4 oz/1/3 di tazza di miele trasparente

1 uovo, leggermente sbattuto

5 ml/1 cucchiaino di essenza di vaniglia (estratto)

Per il ripieno:

50 g/2 once/½ tazza di noci tritate

225 g/8 once/1 tazza di zucchero di canna morbido

10 ml/2 cucchiaini di cannella in polvere

30 ml/2 cucchiai di olio

Mescolare gli ingredienti secchi per la torta e fare un buco al centro. Sbatti insieme gli altri ingredienti della torta e uniscili agli ingredienti secchi. Mescolare gli ingredienti per il ripieno. Versare metà dell'impasto in una tortiera da 23 cm/9 imburrata e infarinata e cospargere con metà del ripieno. Aggiungere il restante composto per torte, quindi il ripieno rimanente. Cuocere in forno preriscaldato a 180°C/350°F/gas mark 4 per 30 minuti fino a quando non è ben lievitato e dorato e inizia a ridursi dai lati della padella.

Barrette di mandorle e miele

Fa 10

15 g/½ oz di lievito fresco o 20 ml/4 cucchiaini di lievito secco

45 ml/3 cucchiai di zucchero semolato (superfino).

120 ml/4 fl oz/½ tazza di latte caldo

300 g/11 oz/2¾ tazze di farina normale (per tutti gli usi).

Un pizzico di sale

1 uovo, leggermente sbattuto

50 g/2 once/¼ di tazza di burro o margarina, ammorbiditi

300 ml/½ pt/1¼ tazze di panna doppia (pesante).

30 ml/2 cucchiai di zucchero a velo (da pasticcere), setacciato

45 ml/3 cucchiai di miele chiaro

300 g/11 oz/2¾ tazze di mandorle a scaglie (scaglie).

Mescolare il lievito, 5 ml/1 cucchiaino di zucchero semolato e un po' di latte e lasciare in un luogo caldo per 20 minuti fino a ottenere un composto spumoso. Mescolate lo zucchero rimasto con la farina e il sale e fate un buco al centro. Incorporare gradualmente l'uovo, il burro o la margarina, la miscela di lievito e il restante latte caldo e mescolare fino a ottenere un impasto morbido. Impastare su una superficie leggermente infarinata fino a che liscio ed elastico. Mettere in una ciotola oliata, coprire con pellicola oleata (pellicola) e lasciare in un luogo caldo per 45 minuti fino a raddoppiare il volume.

Riprendete l'impasto, poi stendetelo e mettetelo in una tortiera da 30 x 20 cm/12 x 8 in unta, bucherellate dappertutto con una forchetta, coprite e lasciate riposare in un luogo caldo per 10 minuti.

Mettere in un pentolino 120 ml/4 fl oz/½ tazza di panna, lo zucchero a velo e il miele e portare ad ebollizione. Togliere dal fuoco e unire le mandorle. Distribuire sopra l'impasto, quindi cuocere in forno preriscaldato a 200°C/400°F/gas mark 6 per 20 minuti fino a quando diventa dorato ed elastico al tatto, coprendo con carta da forno (cerata) se la parte superiore inizia a dorare troppo prima la fine della cottura. Sformare e lasciare raffreddare.

Tagliare la torta a metà orizzontalmente. Montare a neve ben ferma la restante panna e distribuirla sulla metà inferiore della torta. Ricoprite con la metà della torta ricoperta di mandorle e tagliate a barrette.

Barrette sbriciolate di mele e ribes nero

Fa 12

175 g/6 once/1½ tazze di farina normale (per tutti gli usi).

5 ml/1 cucchiaino di lievito in polvere

Un pizzico di sale

175 g/6 once/¾ di tazza di burro o margarina

225 g/8 once/1 tazza di zucchero di canna morbido

100 g/4 once/1 tazza di fiocchi d'avena

450 g/1 libbra di mele cotte (crostate), sbucciate, private del torsolo e affettate

30 ml/2 cucchiai di farina di mais (amido di mais)

10 ml/2 cucchiaini di cannella in polvere

2,5 ml/½ cucchiaino di noce moscata grattugiata

2,5 ml/½ cucchiaino di pimento macinato

225 g/8 oz di ribes nero

Mescolare la farina, il lievito e il sale, quindi unire il burro o la margarina. Mescolare lo zucchero e l'avena. Mettetene metà nella base di una tortiera quadrata da 25 cm unta e foderata. Mescolare le mele, la maizena e le spezie e spalmarle sopra. Completare con il ribes nero. Versare la miscela rimanente e livellare la parte superiore. Cuocere in forno preriscaldato a 180°C/350°F/gas mark 4 per 30 minuti fino a quando diventano elastici. Lasciar raffreddare, poi tagliare a barrette.

Barrette di albicocca e farina d'avena

Fa 24

75 g/3 oz/½ tazza di albicocche secche

25 g/1 oz/3 cucchiai di uva sultanina (uvetta dorata)

250 ml/8 fl oz/1 tazza di acqua

5 ml/1 cucchiaino di succo di limone

150 g/5 once/2/3 tazza di zucchero di canna morbido

50 g/2 oz/½ tazza di cocco essiccato (triturato).

50 g/2 oz/½ tazza di farina normale (per tutti gli usi).

2,5 ml/½ cucchiaino di bicarbonato di sodio (bicarbonato di sodio)

100 g/4 once/1 tazza di fiocchi d'avena

50 g/2 once/¼ di tazza di burro, sciolto

Mettere le albicocche, l'uva sultanina, l'acqua, il succo di limone e 30 ml/2 cucchiai di zucchero di canna in un pentolino e mescolare a fuoco basso finché non si addensa. Unire il cocco e lasciar raffreddare. Mescolare la farina, il bicarbonato di sodio, l'avena e lo zucchero rimanente, quindi incorporare il burro fuso. Premere metà della miscela di avena nella base di una teglia quadrata da 20 cm/8 unta (padella), quindi distribuire sopra la miscela di albicocche. Coprire con la miscela di avena rimanente e premere leggermente. Cuocere in forno preriscaldato a 180°C/350°F/gas mark 4 per 30 minuti fino a doratura. Lasciar raffreddare, poi tagliare a barrette.

Croccantini Di Albicocche

Fa 16

100 g/4 oz/2/3 tazza di albicocche secche pronte da mangiare

120 ml/4 fl oz/½ tazza di succo d'arancia

100 g/4 once/½ tazza di burro o margarina

75 g/3 oz/¾ tazza di farina integrale (integrale).

75 g/3 once/¾ tazza di fiocchi d'avena

75 g/3 once/1/3 di tazza di zucchero demerara

Immergere le albicocche nel succo d'arancia per almeno 30 minuti fino a renderle morbide, quindi scolarle e tritarle. Strofina il burro o la margarina nella farina fino a quando il composto non assomiglia al pangrattato. Mescolare l'avena e lo zucchero. Premere metà del composto in una teglia imburrata da 30 x 20 cm/12 x 8 pollici (teglia per rotoli di gelatina) e cospargere con le albicocche. Distribuire il composto rimanente sopra e premere delicatamente verso il basso. Cuocere in forno preriscaldato a 180°C/350°F/gas mark 4 per 25 minuti fino a doratura. Lasciar raffreddare nello stampo prima di sformare e tagliare a barrette.

Barrette di banane alla nocciola

Fa circa 14

50 g/2 once/¼ di tazza di burro o margarina, ammorbiditi

75 g/3 oz/1/3 di tazza di zucchero semolato (superfino) o zucchero di canna morbido

2 banane grandi, tritate

175 g/6 once/1½ tazze di farina normale (per tutti gli usi).

7,5 ml/1½ cucchiaino di lievito in polvere

2 uova sbattute

50 g/2 once/½ tazza di noci, tritate grossolanamente

Montare a crema il burro o la margarina e lo zucchero. Schiacciate le banane e mescolatele al composto. Mescolare la farina e il lievito. Aggiungere la farina, le uova e le noci al composto di banane e sbattere bene. Versare in una tortiera da 18 x 28 cm/7 x 11 unta e foderata, livellare la superficie e cuocere in forno preriscaldato a 160°C/325°F/gas mark 3 per 30–35 minuti fino a quando non diventa elastico al tatto. Lasciare raffreddare per qualche minuto nello stampo, quindi capovolgere su una gratella per completare il raffreddamento. Tagliare in circa 14 barre.

Brownies americani

Fa circa 15

2 uova grandi

225 g/8 oz/1 tazza di zucchero semolato (superfino).

50 g/2 once/¼ di tazza di burro o margarina, sciolti

2,5 ml/½ cucchiaino di essenza di vaniglia (estratto)

75 g/3 once/¾ tazza di farina semplice (per tutti gli usi).

45 ml/3 cucchiai di cacao (cioccolato non zuccherato) in polvere

2,5 ml/½ cucchiaino di lievito in polvere

Un pizzico di sale

50 g/2 once/½ tazza di noci, tritate grossolanamente

Sbattere insieme le uova e lo zucchero fino a ottenere un composto denso e cremoso. Sbattere il burro e l'essenza di vaniglia. Setacciare la farina, il cacao, il lievito e il sale e unirli al composto con le noci. Trasforma in una tortiera quadrata da 20 cm / 8 in ben unta (teglia). Cuocere in forno preriscaldato a 180°C/350°F/gas mark 4 per 40–45 minuti fino a quando non diventano elastici al tatto. Lasciare nella teglia per 10 minuti, quindi tagliare a quadrati e trasferire su una griglia mentre è ancora caldo.

Cioccolato fondente brownies

Fa circa 16

225 g/8 once/1 tazza di burro o margarina

175 g di zucchero semolato

350 g/12 oz/3 tazze di farina autolievitante (autolievitante).

30 ml/2 cucchiai di cacao (cioccolato non zuccherato) in polvere

Per la glassa (glassa):
175 g/6 once/1 tazza di zucchero a velo (da pasticcere), setacciato

30 ml/2 cucchiai di cacao (cioccolato non zuccherato) in polvere

Acqua bollente

Sciogliere il burro o la margarina, quindi incorporare lo zucchero semolato. Unire la farina e il cacao. Premere in una teglia foderata da 18 x 28 cm/7 x 11 pollici (teglia). Cuocere in forno preriscaldato a 180°C/350°F/gas mark 4 per circa 20 minuti fino a quando non diventa elastico al tatto.

Per preparare la glassa, setacciate in una ciotola lo zucchero a velo e il cacao e aggiungete un goccio di acqua bollente. Mescolare fino a quando ben amalgamato, aggiungendo una goccia o più acqua se necessario. Ghiacciare i brownies mentre sono ancora caldi (ma non bollenti), quindi lasciarli raffreddare prima di tagliarli a quadrati.

Brownies alle noci e cioccolato

Fa 12

50 g/2 oz/½ tazza di cioccolato fondente (semidolce).

75 g/3 once/1/3 di tazza di burro o margarina

225 g/8 oz/1 tazza di zucchero semolato (superfino).

75 g/3 once/¾ tazza di farina semplice (per tutti gli usi).

75 g/3 once/¾ tazza di noci, tritate

50 g/2 once/½ tazza di gocce di cioccolato

2 uova sbattute

2,5 ml/½ cucchiaino di essenza di vaniglia (estratto)

Sciogli il cioccolato e il burro o la margarina in una ciotola resistente al calore posta sopra una pentola di acqua bollente. Togliere dal fuoco e aggiungere gli altri ingredienti. Versare in una tortiera da 20 cm/8 unta e foderata e cuocere in forno preriscaldato a 180°C/350°F/gas mark 4 per 30 minuti fino a quando uno stecchino inserito al centro risulta pulito. Lasciare raffreddare nello stampo, quindi tagliare a quadrati.

Barrette Di Burro

Fa 16

100 g/4 once/½ tazza di burro o margarina, ammorbidito

100 g/4 oz/½ tazza di zucchero semolato (superfino).

1 uovo, separato

100 g/4 once/1 tazza di farina normale (per tutti gli usi).

25 g/1 oz/¼ di tazza di noci miste tritate

Sbattere insieme il burro o la margarina e lo zucchero fino a ottenere un composto leggero e spumoso. Incorporare il tuorlo d'uovo, quindi incorporare la farina e le noci per ottenere un composto abbastanza denso. Se è troppo duro, aggiungi un po 'di latte; se è liquido, aggiungi un po 'più di farina. Versare l'impasto in una teglia imburrata da 30 x 20 cm/12 x 8 pollici (teglia per rotoli di gelatina). Sbattere l'albume fino a renderlo spumoso e distribuirlo sul composto. Cuocere in forno preriscaldato a 180°C/350°F/gas mark 4 per 30 minuti fino a doratura. Lasciar raffreddare, poi tagliare a barrette.

Vassoio al caramello alla ciliegia

Fa 12

100 g/4 oz/1 tazza di mandorle

225 g/8 oz/1 tazza di ciliegie glacé (candite), tagliate a metà

225 g/8 once/1 tazza di burro o margarina, ammorbidito

225 g/8 oz/1 tazza di zucchero semolato (superfino).

3 uova sbattute

100 g/4 oz/1 tazza di farina autolievitante (autolievitante).

50 g/2 oz/½ tazza di mandorle tritate

5 ml/1 cucchiaino di lievito in polvere

5 ml/1 cucchiaino di essenza di mandorla (estratto)

Cospargere le mandorle e le ciliegie sulla base di una tortiera da 20 cm unta e foderata. Sciogliere 50 g/2 once/¼ tazza di burro o margarina con 50 g/2 once/¼ tazza di zucchero, quindi versarlo sulle ciliegie e noci. Sbattere il burro o la margarina rimanenti e lo zucchero fino a ottenere un composto chiaro e spumoso, quindi sbattere le uova e unire la farina, le mandorle tritate, il lievito e l'essenza di mandorle. Versare il composto nella tortiera e livellare la parte superiore. Cuocere in forno preriscaldato a 160°C/325°F/gas mark 3 per 1 ora. Lasciare raffreddare nello stampo per qualche minuto, quindi capovolgere con cura su una gratella, raschiando se necessario la copertura dalla carta di rivestimento. Lasciar raffreddare completamente prima di tagliare.

Vassoio con Gocce di Cioccolato

Fa 24

100 g/4 once/½ tazza di burro o margarina, ammorbidito

100 g/4 once/½ tazza di zucchero di canna morbido

50 g/2 oz/¼ di tazza di zucchero semolato (superfino).

1 uovo

5 ml/1 cucchiaino di essenza di vaniglia (estratto)

100 g/4 once/1 tazza di farina normale (per tutti gli usi).

2,5 ml/½ cucchiaino di bicarbonato di sodio (bicarbonato di sodio)

Un pizzico di sale

100 g/4 once/1 tazza di scaglie di cioccolato

Montare a crema il burro o la margarina e gli zuccheri fino a ottenere un composto chiaro e spumoso, quindi aggiungere gradualmente l'uovo e l'essenza di vaniglia. Unire la farina, il bicarbonato di sodio e il sale. Unire le gocce di cioccolato. Versare in una teglia quadrata da 25 cm/12 pollici imburrata e infarinata e cuocere in forno preriscaldato a 190°C/375°F/gas mark 2 per 15 minuti fino a doratura. Lasciare raffreddare, quindi tagliare a quadrati.

Strato di crumble alla cannella

Fa 12

Per la base:

100 g/4 once/½ tazza di burro o margarina, ammorbidito

30 ml/2 cucchiai di miele chiaro

2 uova, leggermente sbattute

100 g/4 once/1 tazza di farina normale (per tutti gli usi).

Per il crumble:

75 g/3 once/1/3 di tazza di burro o margarina

75 g/3 once/¾ tazza di farina semplice (per tutti gli usi).

75 g/3 once/¾ tazza di fiocchi d'avena

5 ml/1 cucchiaino di cannella in polvere

50 g di zucchero demerara

Amalgamare il burro o la margarina e il miele fino a ottenere un composto chiaro e spumoso. Sbattere gradualmente le uova, quindi incorporare la farina. Versare metà del composto in una tortiera quadrata di 20 cm di diametro imburrata e livellare la superficie.

Per fare il crumble, strofina il burro o la margarina nella farina fino a quando il composto non assomiglia al pangrattato. Mescolare l'avena, la cannella e lo zucchero. Versare metà del crumble nella teglia, quindi ricoprire con il restante composto per torte, quindi il restante crumble. Cuocere in forno preriscaldato a 190°C/375°F/gas mark 5 per circa 35 minuti fino a quando uno stecchino inserito al centro risulta pulito. Lasciar raffreddare, poi tagliare a barrette.

Barrette alla cannella appiccicose

Fa 16

225 g/8 once/2 tazze di farina normale (per tutti gli usi).

10 ml/2 cucchiaini di lievito in polvere

225 g/8 once/1 tazza di zucchero di canna morbido

15 ml/1 cucchiaio di burro fuso

250 ml/8 fl oz/1 tazza di latte

30 ml/2 cucchiai di zucchero demerara

10 ml/2 cucchiaini di cannella in polvere

25 g/1 oz/2 cucchiai di burro, raffreddato e tagliato a dadini

Mescolare insieme la farina, il lievito e lo zucchero. Unire il burro fuso e il latte e amalgamare bene. Pressare il composto in due tortiere quadrate da 23 cm/9 pollici (padelle). Cospargere le cime con lo zucchero demerara e la cannella, quindi premere dei pezzetti di burro sulla superficie. Cuocere in forno preriscaldato a 180°C/350°F/gas mark 4 per 30 minuti. Il burro farà dei buchi nel composto e diventerà appiccicoso durante la cottura.

Barrette al cocco

Fa 16

75 g/3 once/1/3 di tazza di burro o margarina

100 g/4 once/1 tazza di farina normale (per tutti gli usi).

30 ml/2 cucchiai di zucchero semolato (superfino).

2 uova

100 g/4 once/½ tazza di zucchero di canna morbido

Un pizzico di sale

175 g/6 once/1½ tazza di cocco essiccato (triturato).

50 g/2 once/½ tazza di noci miste tritate

Glassa all'arancia

Strofina il burro o la margarina nella farina fino a quando il composto non assomiglia al pangrattato. Incorporare lo zucchero e premere in una teglia quadrata da 23 cm/9 pollici non unta (teglia). Cuocere in forno preriscaldato a 190°C/350°F/gas mark 4 per 15 minuti fino a quando non si solidifica.

Mescolare le uova, lo zucchero di canna e il sale, quindi incorporare il cocco e le noci e spalmare sulla base. Cuocere per 20 minuti fino a quando impostato e dorato. Ghiaccio con glassa all'arancia quando è freddo. Tagliare a barrette.

Barrette sandwich al cocco e marmellata

Fa 16

25 g/1 oz/2 cucchiai di burro o margarina

175 g/6 once/1½ tazza di farina autolievitante (autolievitante).

225 g/8 oz/1 tazza di zucchero semolato (superfino).

2 tuorli d'uovo

75 ml/5 cucchiai di acqua

175 g/6 once/1½ tazza di cocco essiccato (triturato).

4 albumi d'uovo

50 g/2 oz/½ tazza di farina normale (per tutti gli usi).

100 g/4 oz/1/3 di tazza di marmellata di fragole (conserve)

Strofina il burro o la margarina nella farina autolievitante, quindi aggiungi 50 g/ 2 once/¼ di tazza di zucchero. Sbattere insieme i tuorli e 45 ml/3 cucchiai di acqua e incorporarli al composto. Premere nella base di una teglia per rotoli svizzeri unta da 30 x 20 cm/12 x 8 pollici (teglia per rotoli di gelatina) e bucherellare con una forchetta. Cuocere in forno preriscaldato a 180°C/350°F/gas mark 4 per 12 minuti. Lasciar raffreddare.

Mettete in una padella il cocco, lo zucchero rimasto e l'acqua e un albume e mescolate a fuoco basso fino a quando il composto diventa grumoso senza farlo prendere colore. Lasciar raffreddare. Mescolare la farina normale. Montate a neve gli albumi rimanenti, quindi incorporateli al composto. Spalmare la marmellata sulla base, quindi spalmare con la glassa al cocco. Cuocere in forno per 30 minuti fino a doratura. Lasciar raffreddare nello stampo prima di tagliare a barrette.

Data e Apple Traybake

Fa 12

1 mela in cottura (crostata), sbucciata, priva di torsolo e tritata

225 g/8 once/1 1/3 tazze di datteri snocciolati (snocciolati), tritati

150 ml/¼ pt/2/3 tazza di acqua

350 g/12 oz/3 tazze di fiocchi d'avena

175 g/6 once/¾ di tazza di burro o margarina, sciolti

45 ml/3 cucchiai di zucchero demerara

5 ml/1 cucchiaino di cannella in polvere

Mettere le mele, i datteri e l'acqua in una padella e cuocere a fuoco lento per circa 5 minuti fino a quando le mele sono morbide. Lasciar raffreddare. Mescolare l'avena, il burro o la margarina, lo zucchero e la cannella. Mettetene metà in una tortiera quadrata da 20 cm unta e livellate la superficie. Ricoprire con il composto di mele e datteri, quindi ricoprire con il restante composto di avena e livellare la superficie. Premere delicatamente. Cuocere in forno preriscaldato a 190°C/375°F/gas mark 5 per circa 30 minuti fino a doratura. Lasciar raffreddare, poi tagliare a barrette.

Fette Di Data

Fa 12

225 g/8 once/1 1/3 tazze di datteri snocciolati (snocciolati), tritati

30 ml/2 cucchiai di miele chiaro

30 ml/2 cucchiai di succo di limone

225 g/8 once/1 tazza di burro o margarina

225 g/8 oz/2 tazze di farina integrale (integrale).

225 g/8 once/2 tazze di fiocchi d'avena

75 g/3 once/1/3 di tazza di zucchero di canna morbido

Cuocere a fuoco basso i datteri, il miele e il succo di limone per qualche minuto finché i datteri non saranno morbidi. Strofina il burro o la margarina nella farina e nell'avena finché il composto non assomiglia al pangrattato, quindi aggiungi lo zucchero. Versare metà del composto in una tortiera quadrata da 20 cm unta e foderata. Versare la miscela di datteri sopra, quindi finire con la miscela di torta rimanente. Premere con decisione. Cuocere in forno preriscaldato a 190°C/375°F/gas mark 5 per 35 minuti fino a quando non diventa elastico al tatto. Lasciar raffreddare nello stampo, tagliando a fette mentre è ancora caldo.

I bar della data della nonna

Fa 16

100 g/4 once/½ tazza di burro o margarina, ammorbidito

225 g/8 once/1 tazza di zucchero di canna morbido

2 uova, leggermente sbattute

175 g/6 once/1½ tazze di farina normale (per tutti gli usi).

2,5 ml/½ cucchiaino di bicarbonato di sodio (bicarbonato di sodio)

5 ml/1 cucchiaino di cannella in polvere

Un pizzico di chiodi di garofano macinati

Un pizzico di noce moscata grattugiata

175 g/6 once/1 tazza di datteri snocciolati (snocciolati), tritati

Sbattere insieme il burro o la margarina e lo zucchero fino a ottenere un composto leggero e spumoso. Aggiungere gradualmente le uova, sbattendo bene dopo ogni aggiunta. Mescolare gli ingredienti rimanenti fino a quando non saranno ben amalgamati. Versare in una teglia quadrata da 23 cm/9 in unta e infarinata e cuocere in forno preriscaldato a 180°C/350°F/gas mark 4 per 25 minuti fino a quando uno stecchino inserito al centro risulta pulito. Lasciar raffreddare, poi tagliare a barrette.

Barrette di datteri e farina d'avena

Fa 16

175 g/6 once/1 tazza di datteri snocciolati (snocciolati), tritati

15 ml/1 cucchiaio di miele chiaro

30 ml/2 cucchiai di acqua

225 g/8 oz/2 tazze di farina integrale (integrale).

100 g/4 once/1 tazza di fiocchi d'avena

100 g/4 once/½ tazza di zucchero di canna morbido

150 g/5 once/2/3 tazza di burro o margarina, sciolti

Cuocere a fuoco lento i datteri, il miele e l'acqua in un pentolino finché i datteri non saranno morbidi. Mescolare la farina, l'avena e lo zucchero, quindi unire il burro fuso o la margarina. Premere metà del composto in una tortiera quadrata da 18 cm/7 in unta (teglia), cospargere con il composto di datteri, quindi aggiungere il restante composto di avena e premere delicatamente. Cuocere in forno preriscaldato a 180°C/350°F/gas mark 4 per 1 ora fino a quando non diventa sodo e dorato. Lasciare raffreddare nello stampo, tagliare a barrette ancora calde.

Data e barre di noce

Fa 12

100 g/4 once/½ tazza di burro o margarina, ammorbidito

150 g/5 once/2/3 tazze di zucchero semolato (superfino).

1 uovo, leggermente sbattuto

100 g/4 oz/1 tazza di farina autolievitante (autolievitante).

225 g/8 once/11/3 tazze di datteri snocciolati (snocciolati), tritati

100 g/4 once/1 tazza di noci, tritate

15 ml/1 cucchiaio di latte (facoltativo)

100 g/4 oz/1 tazza di cioccolato fondente (semidolce).

Sbattere insieme il burro o la margarina e lo zucchero fino a ottenere un composto leggero e spumoso. Unire l'uovo, poi la farina, i datteri e le noci, aggiungendo un po' di latte se il composto risultasse troppo duro. Versare in una teglia unta da 30 x 20 cm/12 x 8 in Swiss roll (teglia per Jelly Roll) e cuocere in forno preriscaldato a 180°C/350°F/gas mark 4 per 30 minuti fino a quando diventa elastica al tatto. Lasciar raffreddare.

Sciogliere il cioccolato in una ciotola resistente al calore posta sopra una pentola di acqua bollente. Distribuire sopra il composto e lasciare raffreddare e solidificare. Tagliare a barrette con un coltello affilato.

Barrette di fichi

Fa 16

225 g/8 once di fichi freschi, tritati

30 ml/2 cucchiai di miele chiaro

15 ml/1 cucchiaio di succo di limone

225 g/8 oz/2 tazze di farina integrale (integrale).

225 g/8 once/2 tazze di fiocchi d'avena

225 g/8 once/1 tazza di burro o margarina

75 g/3 once/1/3 di tazza di zucchero di canna morbido

Cuocere a fuoco lento i fichi, il miele e il succo di limone per 5 minuti. Lasciar raffreddare leggermente. Mescolare insieme la farina e l'avena, quindi strofinare il burro o la margarina e incorporare lo zucchero. Premere metà del composto in una tortiera quadrata da 20 cm/8 unta (teglia), quindi versare sopra il composto di fichi. Coprire con il restante composto di torta e premere con forza. Cuocere in forno preriscaldato a 180°C/350°F/gas mark 4 per 30 minuti fino a doratura. Lasciar raffreddare nella teglia, quindi tagliare a fette mentre è ancora calda.

Flapjack

Fa 16

75 g/3 once/1/3 di tazza di burro o margarina

50 g/2 oz/3 cucchiai di sciroppo dorato (mais chiaro).

100 g/4 once/½ tazza di zucchero di canna morbido

175 g/6 once/1½ tazza di fiocchi d'avena

Sciogliere il burro o la margarina con lo sciroppo e lo zucchero, quindi incorporare l'avena. Premere in una teglia quadrata da 20 cm/8 unta e cuocere in forno preriscaldato a 180°C/350°F/gas mark 4 per circa 20 minuti fino a quando non sarà leggermente dorata. Lasciare raffreddare leggermente prima di tagliare in barrette, quindi lasciar raffreddare completamente nella teglia prima di sformare.

Frittelle di ciliegie

Fa 16

75 g/3 once/1/3 di tazza di burro o margarina

50 g/2 oz/3 cucchiai di sciroppo dorato (mais chiaro).

100 g/4 once/½ tazza di zucchero di canna morbido

175 g/6 once/1½ tazza di fiocchi d'avena

100 g/4 oz/1 tazza di ciliegie glacé (candite), tritate

Sciogliere il burro o la margarina con lo sciroppo e lo zucchero, quindi incorporare l'avena e le ciliegie. Premete in una tortiera quadrata da 20 cm/ 8 pollici unta e cuocete in forno preriscaldato a 180°C/350°F/gas mark 4 per circa 20 minuti fino a quando non saranno leggermente dorati. Lasciare raffreddare leggermente prima di tagliare in barrette, quindi lasciar raffreddare completamente nella teglia prima di sformare.

Frittelle al cioccolato

Fa 16

75 g/3 once/1/3 di tazza di burro o margarina

50 g/2 oz/3 cucchiai di sciroppo dorato (mais chiaro).

100 g/4 once/½ tazza di zucchero di canna morbido

175 g/6 once/1½ tazza di fiocchi d'avena

100 g/4 once/1 tazza di scaglie di cioccolato

Sciogliere il burro o la margarina con lo sciroppo e lo zucchero, quindi incorporare l'avena e le gocce di cioccolato. Premere in una tortiera quadrata da 20 cm/8 in unta (teglia) e cuocere in forno preriscaldato a 180°C/350°F/gas mark 4 per circa 20 minuti fino a quando non sarà leggermente dorata. Lasciare raffreddare leggermente prima di tagliare in barrette, quindi lasciar raffreddare completamente nella teglia prima di sformare.

Frittelle di frutta

Fa 16

75 g/3 once/1/3 di tazza di burro o margarina

100 g/4 once/½ tazza di zucchero di canna morbido

50 g/2 oz/3 cucchiai di sciroppo dorato (mais chiaro).

175 g/6 once/1½ tazza di fiocchi d'avena

75 g/3 oz/½ tazza di uvetta, uva sultanina o altra frutta secca

Sciogliere il burro o la margarina con lo zucchero e lo sciroppo, quindi incorporare l'avena e l'uvetta. Premete in una tortiera quadrata da 20 cm/ 8 pollici unta e cuocete in forno preriscaldato a 180°C/350°F/gas mark 4 per circa 20 minuti fino a quando non saranno leggermente dorati. Lasciare raffreddare leggermente prima di tagliare in barrette, quindi lasciar raffreddare completamente nella teglia prima di sformare.

Frittelle di frutta e noci

Fa 16

75 g/3 once/1/3 di tazza di burro o margarina

100 g/4 oz/1/3 di tazza di miele trasparente

50 g/2 oz/1/3 di tazza di uvetta

50 g/2 once/½ tazza di noci, tritate

175 g/6 once/1½ tazza di fiocchi d'avena

Sciogliere a fuoco basso il burro o la margarina con il miele. Mescolare l'uvetta, le noci e l'avena e mescolare bene. Versare in una tortiera quadrata da 23 cm unta e cuocere in forno preriscaldato a 180°C/350°F/gas mark 4 per 25 minuti. Lasciare raffreddare nello stampo, tagliare a barrette ancora calde.

Frittelle allo zenzero

Fa 16

75 g/3 once/1/3 di tazza di burro o margarina

100 g/4 once/½ tazza di zucchero di canna morbido

50 g/2 oz/3 cucchiai di sciroppo da un barattolo di gambo di zenzero

175 g/6 once/1½ tazza di fiocchi d'avena

4 pezzi di gambo di zenzero, tritati finemente

Sciogliere il burro o la margarina con lo zucchero e lo sciroppo, quindi incorporare l'avena e lo zenzero. Premere in una tortiera quadrata da 20 cm/8 in unta (teglia) e cuocere in forno preriscaldato a 180°C/350°F/gas mark 4 per circa 20 minuti fino a quando non sarà leggermente dorata. Lasciare raffreddare leggermente prima di tagliare in barrette, quindi lasciar raffreddare completamente nella teglia prima di sformare.

Flapjack alla nocciola

Fa 16

75 g/3 once/1/3 di tazza di burro o margarina

50 g/2 oz/3 cucchiai di sciroppo dorato (mais chiaro).

100 g/4 once/½ tazza di zucchero di canna morbido

175 g/6 once/1½ tazza di fiocchi d'avena

100 g/4 once/1 tazza di noci miste tritate

Sciogliere il burro o la margarina con lo sciroppo e lo zucchero, quindi incorporare l'avena e le noci. Premere in una tortiera quadrata da 20 cm/8 in unta (teglia) e cuocere in forno preriscaldato a 180°C/350°F/gas mark 4 per circa 20 minuti fino a quando non sarà leggermente dorata. Lasciare raffreddare leggermente prima di tagliare in barrette, quindi lasciar raffreddare completamente nella teglia prima di sformare.

Frollini taglienti al limone

Fa 16

100 g/4 once/1 tazza di farina normale (per tutti gli usi).

100 g/4 once/½ tazza di burro o margarina, ammorbidito

75 g/3 oz/½ tazza di zucchero a velo (da pasticcere), setacciato

2,5 ml/½ cucchiaino di lievito in polvere

Un pizzico di sale

30 ml/2 cucchiai di succo di limone

10 ml/2 cucchiaini di scorza di limone grattugiata

Amalgamate la farina, il burro o la margarina, lo zucchero a velo e il lievito. Premere in una tortiera quadrata da 23 cm/9 pollici unta (teglia) e cuocere in forno preriscaldato a 180°C/350°F/gas mark 4 per 20 minuti.

Mescolare gli ingredienti rimanenti e sbattere fino a ottenere un composto chiaro e spumoso. Versare sopra la base calda, ridurre la temperatura del forno a 160°C/325°F/gas mark 3 e rimettere in forno per altri 25 minuti finché non diventa elastico al tatto. Lasciare raffreddare, quindi tagliare a quadrati.

Moka e quadrati di cocco

Fa 20

1 uovo

100 g/4 oz/½ tazza di zucchero semolato (superfino).

100 g/4 once/1 tazza di farina normale (per tutti gli usi).

10 ml/2 cucchiaini di lievito in polvere

Un pizzico di sale

75 ml/5 cucchiai di latte

75 g/3 once/1/3 di tazza di burro o margarina, sciolti

15 ml/1 cucchiaio di cacao (cioccolato non zuccherato) in polvere

2,5 ml/½ cucchiaino di essenza di vaniglia (estratto)

Per la farcitura:

75 g/3 oz/½ tazza di zucchero a velo (da pasticcere), setacciato

50 g/2 once/¼ di tazza di burro o margarina, sciolti

45 ml/3 cucchiai di caffè nero forte e caldo

15 ml/1 cucchiaio di cacao (cioccolato non zuccherato) in polvere

2,5 ml/½ cucchiaino di essenza di vaniglia (estratto)

25 g/1 oz/¼ di tazza di cocco essiccato (triturato).

Sbattere le uova e lo zucchero fino a ottenere un composto chiaro e spumoso. Mescolare la farina, il lievito e il sale alternativamente con il latte e il burro fuso o la margarina. Unire il cacao e l'essenza di vaniglia. Versare il composto in una tortiera quadrata da 20 cm/8 unta (teglia) e cuocere in forno preriscaldato a 200°C/400°F/gas mark 6 per 15 minuti fino a quando non sarà ben lievitato ed elastico al tatto.

Per fare il topping, mescolare insieme lo zucchero a velo, il burro o la margarina, il caffè, il cacao e l'essenza di vaniglia. Distribuire sulla torta calda e cospargere di cocco. Lasciare raffreddare nello stampo, quindi sformare e tagliare a quadrati.

Ciao Dolly Biscotti

Fa 16

100 g/4 once/½ tazza di burro o margarina

Biscotto digestivo da 100 g/4 oz/1 tazza

(Graham cracker) briciole

100 g/4 once/1 tazza di scaglie di cioccolato

100 g/4 once/1 tazza di cocco essiccato (triturato).

100 g/4 once/1 tazza di noci, tritate

400 g/14 oz/1 lattina grande di latte condensato

Sciogliere il burro o la margarina e incorporare i biscotti sbriciolati. Premere il composto nella base di una tortiera da 28 x 18 cm unta e rivestita di alluminio (teglia). Cospargere con le gocce di cioccolato, poi il cocco e, infine, le noci. Versare sopra il latte condensato e cuocere in forno preriscaldato a 180°C/350°F/gas mark 4 per 25 minuti. Tagliare a barrette ancora calde, quindi lasciar raffreddare completamente.

Barrette al cocco con noci e cioccolato

Fa 12

75 g/3 oz/¾ tazza di cioccolato al latte

75 g/3 oz/¾ tazza di cioccolato fondente (semidolce).

75 g/3 oz/1/3 di tazza di burro di arachidi croccante

75 g/3 oz/¾ tazza di biscotti digestivi (Graham cracker) sbriciolati

75 g/3 once/¾ tazza di noci, tritate

75 g/3 once/¾ tazza di cocco essiccato (triturato).

75 g/3 oz/¾ tazza di cioccolato bianco

Sciogliere il cioccolato al latte in una ciotola resistente al calore posta sopra una pentola di acqua bollente. Stendere sulla base di una tortiera quadrata da 23 cm/7 pollici e lasciare solidificare.

Sciogliere a fuoco basso il cioccolato fondente e il burro di arachidi, quindi incorporare i biscotti sbriciolati, le noci e il cocco. Distribuire sul cioccolato set e raffreddare fino al set.

Sciogliere il cioccolato bianco in una ciotola resistente al calore posta sopra una pentola di acqua bollente. Cospargere i biscotti in uno schema, quindi lasciare solidificare prima di tagliare in barrette.

Quadrati Nocciola

Fa 12

75 g/3 oz/¾ tazza di cioccolato fondente (semidolce).

50 g/2 once/¼ di tazza di burro o margarina

100 g/4 oz/½ tazza di zucchero semolato (superfino).

2 uova

5 ml/1 cucchiaino di essenza di vaniglia (estratto)

75 g/3 once/¾ tazza di farina semplice (per tutti gli usi).

2,5 ml/½ cucchiaino di lievito in polvere

100 g/4 once/1 tazza di noci miste tritate

Sciogliere il cioccolato in una ciotola resistente al calore sopra una padella di acqua leggermente bollente. Mescolare il burro fino a quando non si scioglie, quindi incorporare lo zucchero. Togliere dal fuoco e sbattere le uova e l'essenza di vaniglia. Incorporare la farina, il lievito e le noci. Versare il composto in una tortiera quadrata da 25 cm unta e cuocere in forno preriscaldato a 180°C/350°F/gas mark 4 per 15 minuti fino a doratura. Tagliare a quadratini ancora caldi.

Fette Di Noci Pecan Arancioni

Fa 16

375 g/13 once/3¼ tazze di farina semplice (per tutti gli usi).

275 g/10 once/1¼ tazze di zucchero semolato (superfino).

5 ml/1 cucchiaino di lievito in polvere

75 g/3 once/1/3 di tazza di burro o margarina

2 uova sbattute

175 ml/6 fl oz/¾ di tazza di latte

200 g/7 oz/1 lattina di mandarini, scolati e tritati grossolanamente

100 g/4 once/1 tazza di noci pecan, tritate

Scorza finemente grattugiata di 2 arance

10 ml/2 cucchiaini di cannella in polvere

Mescolare insieme 325 g/12 once/3 tazze di farina, 225 g/8 once/1 tazza di zucchero e il lievito. Sciogliere 50 g/2 oz/¼ di tazza di burro o margarina e incorporare le uova e il latte. Mescolare delicatamente il liquido negli ingredienti secchi fino a che liscio. Incorporare i mandarini, le noci pecan e la scorza d'arancia. Versare in una teglia da 30 x 20 cm unta e foderata. Strofinare insieme la farina rimanente, lo zucchero, il burro e la cannella e cospargere sulla torta. Cuocere in forno preriscaldato a 180°C/350°F/gas mark 4 per 40 minuti fino a doratura. Lasciare raffreddare nello stampo, quindi tagliare in circa 16 fette.

Parkin

Fa 16 quadrati

100 g/4 oz/½ tazza di strutto (accorciamento)

100 g/4 once/½ tazza di burro o margarina

75 g/3 once/1/3 di tazza di zucchero di canna morbido

100 g/4 oz/1/3 di tazza di sciroppo dorato (mais leggero).

100 g/4 oz/1/3 di tazza di melassa nera (melassa)

10 ml/2 cucchiaini di bicarbonato di sodio (bicarbonato di sodio)

150 ml/¼ pt/2/3 tazza di latte

225 g/8 oz/2 tazze di farina integrale (integrale).

225 g/8 once/2 tazze di farina d'avena

10 ml/2 cucchiaini di zenzero macinato

2,5 ml/½ cucchiaino di sale

Sciogliere in una padella lo strutto, il burro o la margarina, lo zucchero, lo sciroppo e la melassa. Sciogliere il bicarbonato di sodio nel latte e mescolare nella padella con gli altri ingredienti. Versare in una tortiera quadrata da 20 cm/8 unta e foderata e cuocere in forno preriscaldato a 160°C/325°F/gas mark 3 per 1 ora fino a quando non si solidifica. Potrebbe affondare nel mezzo. Lasciare raffreddare, quindi conservare in un contenitore ermetico per alcuni giorni prima di tagliare a quadrati e servire.

barrette al burro di arachidi

Fa 16

100 g/4 once/1 tazza di burro o margarina

175 g/6 once/1¼ tazze di farina normale (per tutti gli usi).

175 g/6 once/¾ di tazza di zucchero di canna morbido

75 g/3 once/1/3 di tazza di burro di arachidi

Un pizzico di sale

1 tuorlo d'uovo piccolo, sbattuto

2,5 ml/½ cucchiaino di essenza di vaniglia (estratto)

100 g/4 oz/1 tazza di cioccolato fondente (semidolce).

50 g/2 oz/2 tazze di cereali di riso soffiato

Strofina il burro o la margarina nella farina fino a quando il composto non assomiglia al pangrattato. Mescolare lo zucchero, 30 ml/2 cucchiai di burro di arachidi e il sale. Incorporare il tuorlo d'uovo e l'essenza di vaniglia e mescolare fino a quando non saranno ben amalgamati. Premere in una tortiera quadrata da 25 cm / 10 pollici (teglia). Cuocere in forno preriscaldato a 160°C/325°F/gas mark 3 per 30 minuti fino a quando non è lievitato ed elastico al tatto.

Sciogliere il cioccolato in una ciotola resistente al calore sopra una padella di acqua leggermente bollente. Togliere dal fuoco e aggiungere il restante burro di arachidi. Incorporare i cereali e mescolare bene fino a ricoprirli con la miscela di cioccolato. Versare sopra la torta e livellare la superficie. Lasciar raffreddare, quindi abbattere e tagliare a barrette.

Fette Di Picnic

Fa 12

225 g/8 oz/2 tazze di cioccolato fondente (semidolce).

50 g/2 once/¼ di tazza di burro o margarina, ammorbiditi

100 g/4 once/½ tazza di zucchero semolato

1 uovo, leggermente sbattuto

100 g/4 once/1 tazza di cocco essiccato (triturato).

50 g/2 oz/1/3 di tazza di uva sultanina (uvetta dorata)

50 g di ciliegie glacé (candite), tritate

Sciogliere il cioccolato in una ciotola resistente al calore posta sopra una pentola di acqua bollente. Versare nella base di una teglia da 30 x 20 cm/12 x 8 in Swiss Roll imburrata e foderata (teglia per rotoli di gelatina). Sbattere insieme il burro o la margarina e lo zucchero fino a ottenere un composto leggero e spumoso. Aggiungere gradualmente l'uovo, quindi mescolare il cocco, l'uva sultanina e le ciliegie. Distribuire sopra il cioccolato e cuocere in forno preriscaldato a 150°C/300°F/gas mark 3 per 30 minuti fino a doratura. Lasciar raffreddare, poi tagliare a barrette.

Barrette di ananas e cocco

Fa 20

1 uovo

100 g/4 oz/½ tazza di zucchero semolato (superfino).

75 g/3 once/¾ tazza di farina semplice (per tutti gli usi).

5 ml/1 cucchiaino di lievito in polvere

Un pizzico di sale

75 ml/5 cucchiai di acqua

Per la farcitura:

200 g/7 oz/1 lattina piccola di ananas, scolata e tritata

25 g/1 oz/2 cucchiai di burro o margarina

50 g/2 oz/¼ di tazza di zucchero semolato (superfino).

1 tuorlo d'uovo

25 g/1 oz/¼ di tazza di cocco essiccato (triturato).

5 ml/1 cucchiaino di essenza di vaniglia (estratto)

Sbattere insieme l'uovo e lo zucchero fino a ottenere un composto chiaro e pallido. Unire la farina, il lievito e il sale alternandoli all'acqua. Versare in una tortiera quadrata da 18 cm/7 unta e infarinata e cuocere in forno preriscaldato a 200°C/400°F/gas mark 6 per 20 minuti fino a quando non sarà ben lievitata ed elastica al tatto. Versare l'ananas sopra la torta calda. Riscaldare gli altri ingredienti per la guarnizione in una piccola padella a fuoco basso, mescolando continuamente fino a quando non saranno ben amalgamati senza far bollire la miscela. Versare sopra l'ananas, quindi rimettere la torta in forno per altri 5 minuti fino a quando la copertura diventa dorata. Lasciare raffreddare nello stampo per 10 minuti, quindi capovolgere su una gratella per completare il raffreddamento prima di tagliare a barrette.

Torta al lievito di prugne

Fa 16

15 g/½ oz di lievito fresco o 20 ml/4 cucchiaini di lievito secco

50 g/2 oz/¼ di tazza di zucchero semolato (superfino).

150 ml/¼ pt/2/3 tazza di latte caldo

50 g/2 once/¼ di tazza di burro o margarina, sciolti

1 uovo

1 tuorlo d'uovo

250 g/9 once/2¼ tazze di farina normale (per tutti gli usi).

5 ml/1 cucchiaino di scorza di limone finemente grattugiata

675 g/1½ lb di prugne, squartate e snocciolate (snocciolate)

Zucchero a velo (da pasticceria), setacciato, per spolverare

Cannella in polvere

Mescolare il lievito con 5 ml/1 cucchiaino di zucchero e un po' di latte tiepido e lasciare in un luogo caldo per 20 minuti fino a ottenere un composto spumoso. Sbattere lo zucchero e il latte rimanenti con il burro fuso o la margarina, l'uovo e il tuorlo. Mescolare la farina e la scorza di limone in una ciotola e fare un buco al centro. A poco a poco sbattere la miscela di lievito e la miscela di uova per formare un impasto morbido. Sbattere fino a quando l'impasto è molto liscio e le bolle iniziano a formarsi sulla superficie. Premere delicatamente in una tortiera quadrata da 25 cm/10 unta e infarinata. Disporre le prugne vicine l'una all'altra sulla parte superiore dell'impasto. Coprire con pellicola oleata (pellicola) e lasciare in un luogo caldo per 1 ora fino al raddoppio. Mettere in forno preriscaldato a 200°C/400°F/gas mark 6, quindi ridurre immediatamente la temperatura del forno a 190°C/375°F/gas mark 5 e cuocere per 45 minuti. Ridurre nuovamente la temperatura del forno a 180°C/350°F/gas mark 4 e cuocere per altri 15 minuti fino a doratura. Spolverizzate la torta ancora calda con zucchero a velo e cannella, quindi lasciatela raffreddare e tagliatela a quadretti.

Barrette di zucca americane

Fa 20

2 uova

175 g/6 once/¾ di tazza di zucchero semolato (superfino).

120 ml/4 fl oz/½ tazza di olio

225 g/8 once di zucca cotta a dadini

100 g/4 once/1 tazza di farina normale (per tutti gli usi).

5 ml/1 cucchiaino di lievito in polvere

5 ml/1 cucchiaino di cannella in polvere

2,5 ml/½ cucchiaino di bicarbonato di sodio (bicarbonato di sodio)

50 g/2 oz/1/3 di tazza di uva sultanina (uvetta dorata)

glassa di formaggio cremoso

Sbattere le uova fino a renderle chiare e spumose, quindi sbattere lo zucchero e l'olio e incorporare la zucca. Sbattere la farina, il lievito, la cannella e il bicarbonato di sodio fino a quando non saranno ben amalgamati. Mescolare l'uva sultanina. Versare il composto in una teglia da 30 x 20 cm/12 x 8 pollici imburrata e infarinata (teglia per rotoli di gelatina) e cuocere in forno preriscaldato a 180°C/350°F/gas mark 4 per 30 minuti fino a quando non si inserisce uno spiedino al centro esce pulito. Lasciar raffreddare, quindi spalmare con la glassa al formaggio cremoso e tagliare a barrette.

Barrette di mele cotogne e mandorle

Fa 16

450 g/1 libbra di mele cotogne

50 g/2 oz/¼ di tazza di strutto (accorciamento)

50 g/2 once/¼ di tazza di burro o margarina

100 g/4 once/1 tazza di farina normale (per tutti gli usi).

30 ml/2 cucchiai di zucchero semolato (superfino).

Circa 30 ml/2 cucchiai di acqua

Per il ripieno:
75 g/3 once/1/3 tazza di burro o margarina, ammorbidito

100 g/4 oz/½ tazza di zucchero semolato (superfino).

2 uova

Qualche goccia di essenza di mandorla (estratto)

100 g/4 oz/1 tazza di mandorle tritate

25 g/1 oz/¼ di tazza di farina normale (per tutti gli usi).

50 g/2 oz/½ tazza di mandorle a scaglie (scaglie).

Sbucciare, togliere il torsolo e affettare sottilmente le mele cotogne. Mettere in una padella e coprire solo con acqua. Portare a ebollizione e cuocere a fuoco lento per circa 15 minuti fino a quando non diventa morbida. Scolare l'acqua in eccesso.

Strofinare lo strutto e il burro o la margarina nella farina fino a ottenere un composto simile al pangrattato. Mescolare lo zucchero. Aggiungi acqua quanto basta per impastare fino a ottenere un impasto morbido, quindi stendilo su una superficie leggermente infarinata e usalo per rivestire la base e i lati di una teglia per rotoli svizzeri da 30 x 20 cm/12 x 8 pollici (teglia per rotoli di gelatina). Punzecchiare tutto con una forchetta. Usando un cucchiaio forato, disponi le mele cotogne sulla pasta.

Montare a crema il burro o la margarina e lo zucchero, quindi incorporare gradualmente le uova e l'essenza di mandorle. Piegare le mandorle tritate e la farina e un cucchiaio sopra le mele cotogne. Cospargi sopra le mandorle a lamelle e cuoci in forno preriscaldato a 180°C/350°F/gas mark 4 per 45 minuti fino a quando non diventa sodo e dorato. Tagliare a quadrati quando è freddo.

Barrette all'uvetta

Fa 12

175 g/6 once/1 tazza di uvetta

250 ml/8 fl oz/1 tazza di acqua

75 ml/5 cucchiai di olio

225 g/8 oz/1 tazza di zucchero semolato (superfino).

1 uovo, leggermente sbattuto

200 g/7 oz/1¾ tazze di farina semplice (per tutti gli usi).

1,5 ml/¼ di cucchiaino di sale

5 ml/1 cucchiaino di bicarbonato di sodio (bicarbonato di sodio)

5 ml/1 cucchiaino di cannella in polvere

2,5 ml/½ cucchiaino di noce moscata grattugiata

2,5 ml/½ cucchiaino di pimento macinato

Un pizzico di chiodi di garofano macinati

50 g/2 once/½ tazza di gocce di cioccolato

50 g/2 once/½ tazza di noci, tritate

30 ml/2 cucchiai di zucchero a velo (da pasticcere), setacciato

Portare a ebollizione l'uvetta e l'acqua, quindi unire l'olio, togliere dal fuoco e lasciar raffreddare leggermente. Mescolare lo zucchero semolato e l'uovo. Mescolare insieme la farina, il sale, il bicarbonato di sodio e le spezie. Mescolare con il composto di uvetta, quindi incorporare le gocce di cioccolato e le noci. Versare in una tortiera (teglia) quadrata da 30 cm/12 pollici unta e cuocere in forno preriscaldato a 190°C/375°F/gas mark 5 per 25 minuti fino a quando la torta inizia a ritirarsi dai lati della teglia. Lasciar raffreddare prima di spolverare con zucchero a velo e tagliare a barrette.

Quadrati Di Avena Al Lampone

Fa 12

175 g/6 once/¾ di tazza di burro o margarina

225 g/8 oz/2 tazze di farina autolievitante (autolievitante).

5 ml/1 cucchiaino di sale

175 g/6 once/1½ tazza di fiocchi d'avena

175 g/6 once/¾ di tazza di zucchero semolato (superfino).

300 g/11 oz/1 lattina media di lamponi, scolati

Strofina il burro o la margarina nella farina e nel sale, quindi aggiungi l'avena e lo zucchero. Premete metà del composto in una teglia quadrata imburrata da 25 cm/10 pollici. Distribuire sopra i lamponi e coprire con il composto rimanente, premendo bene. Cuocere in forno preriscaldato a 200°C/400°F/gas mark 6 per 20 minuti. Lasciare raffreddare leggermente nello stampo prima di tagliare a quadrati.

www.ingramcontent.com/pod-product-compliance
Lightning Source LLC
Chambersburg PA
CBHW070408120526
44590CB00014B/1308